SHODENSHA
SHINSHO

公安警察

古野まほろ

JN110450

祥伝社新書

まえがき――公安警察と私

　私は商業作家をしています。しかもミステリ作家をしています。ましてや警察小説も書きます。よって商売上、〈公安〉なる用語に触れる機会が少なくありません。特に諸々《もろもろ》の事件について調べる際、市井《しせい》の人々が少なからぬ頻度《ひんど》で、SNS、掲示板等においてこの〈公安〉なる用語を用いていることに、しばしば吃驚《びっくり》します。つい近時も、『シン・ウルトラマン』をまったく私事・娯楽として観ていたら、主役男女は警察庁警備局公安課の警視正と公安調査庁の上席調査官という設定でしたので、甚《はなは》だ吃驚《びっくり》したのを憶えています。

　他方で私は、警察官僚／警察官なるものを20年弱やってきました。退官して久しいですが、警察官僚としての私の専門分野は地域警察、保安警察そしてまさに公安警察でした。①警察庁の警備局でも勤務しましたし、都道府県警察の担当課でも勤務しました。②警察学校等で、この分野の講義・講演・ゼミを担当したこともあります。まして私は我が国においてのみならず、警察庁外事課付《ヅキ》として渡仏を命ぜられ、③フランス国家警察のいわゆるセクト対策につき調査研究を実施し、④公安警察実務について先方《せんぽう》の公安部門（当時の公安局《DCRG》）の教えを直接請《こ》うたほか、⑤先方の議会報告書（ギュイヤール報告書）及び先方のいわゆるセクト対策法（アブー＝ピカール法）の内容・意義・実務的影響について、一太郎で125頁ほどの論文を我が国警察庁に提出しました。

要は私は、公安警察なる部門／作用についての、まあ、そこそこのスペシャリストだったのです。そのような私の専門・経験からすると、市井の人々が少なからぬ頻度で、〈公安〉なる用語を〈非公然のスパイ組織〉〈国の謀略機関〉〈秘密警察〉等々ととらえていることに、しばしば吃驚《びっくり》します。

というのも、私の20年弱の職業人生を通じ、私はそのようなおどろおどろしい陰謀集団とはまるで無縁でしたので……

ここで念《ねん》の為《ため》申し上げておけば私は、我が国公安警察の具体的オペレーションを指揮する指揮官をも複数回務めました。無論、だからといって全国警察の公安部門のありとあらゆる体制・実務を知り得たわけではありませんが（まさかです）……しかし「私の専門分野のひとつは公安警察である」と断言できる程度には、この分野の内情・実務を知っています。このことは例えば、右のとおり私がフランス国家警察への調査研究に派遣されたことと、そして——もう今から20年ほども昔のことゆえ増上慢《ぞうじょうまん》も笑って許されましょうが——右の論文が結局のところ警察庁警備局にも警察大学校にも高く評価されたことの二点が、ある程度裏書きしてくれることでしょう。

端的《たんてき》には、私は一般社会でいう〈公安〉の中の人でした。

よって本書は、かつての中の人が、〈公安〉の現実の組織や実際の実務について、一般社会における誤解を払拭《ふっしょく》するなどのため、著すものとなります。

……ここで併《あわ》せて申し上げておけば、本書はいわゆる暴露本ではありません。私がこれまで上梓《じょうし》してきた諸々の新書と同様、事実《ファクト》を綴《つづ》る書籍です。そもそも〈公安〉とは何か。〈公安警察〉とは何か。その組織・実務・歴史・成果・展望等はどのようなものか。そうしたことを、中の人ならではの事実《ファクト》を提示しつつ、読者の方々に御説明する書籍です。無論、秘密にわたること、守秘義務が課されていることには触れ得ません。私は古巣と円満離婚していますので——絶対に許せぬ非道な警察官僚もいますがそれは私怨《しえん》ゆえ、余程《よほど》のことが無いかぎり墓場まで持ってゆく覚悟——私としては古巣を裏切ることも犯罪者となることも御免《ごめん》です。しかし、秘密にわたらない事実《ファクト》、秘密でもなんでもない事実《ファクト》を体系的に御説明するだけで、およそ類書にない特別な価値を生むことができると私は信じています。というのも、一般社会が〈公安〉〈公安警察〉に求めているリアルは——エンタテイメントとして割り切っている方《かた》も多いでしょうが——誰でも検索数秒で調べることのできる事実《ファクト》とはなはだ乖離《かいり》した、4頁記載のようなおどろおどろしいもの、現代の神話あるいは怪談話だからです。

　ここで、私はこれまで警察に係る9冊のノンフィクションを著してきました。それらノンフィクションの上梓における私の「営業方針」は極めてシンプルです。それは要は、①我が国の国民多数が設定したリアリティラインを分析し、②それと現実との「差分《さぶん》」をお示しすることで、③警察に対する知的好奇心を喚起《かんき》していただくとともに、④警察に係る正確な知見《ちけん》を得ていただき、そのお代を頂戴する――という営業方針です。これから綴《つづ》る本書について述べれば、端的《たんてき》には、「神話とホントとの差分を味わっていただく」「怪談話と現実との差分を味わっていただく」「それによってお代分の満足を提供する」のが私の営業方針です。

　重ねて、秘密にわたること、守秘義務が課されていることには触れ得ません。そうした覗《のぞ》き見《み》のよろこびは御提供できません。まして私は退官して久しく、令和5年における最新の情報は御提供できません。しかしながらこの世には、客観的事実の再整理……あるいは客観的事実の信頼できる再整理だけで、どのようなエンタテイメントよりもおもしろくなるジャンルがあるのです。本書が採《と》り上げる〈公安警察〉などその筆頭でしょう。また、「ホントはこうだ」を暴露でなくシッタカでもなく正確に物語れる「作家」は私だけでしょう（例えば、公安調査庁のことを『公安』と略してしまうシッタカ識者のなんと多いことか……）。ここに、祥伝社さんからの原稿依頼を承諾した理由があります。私にしかできないことは、死ぬ前にやっておかなければ神様に怒られましょう。

――以上、①語り部たる私の資格と、②この本の制約及び目的を簡記《かんき》しました。以降では、存外《ぞんがい》秘密とはされていない数多《あまた》の客観的事実に頷《うなず》いていただくもよし。いいえ、それを踏まえた上でなお、誤解・神話・怪談話をより精緻《せいち》にしていただくもよし（クリエイターの方々には後者の効能が役立つでしょう）。私が設定している「差分の販売」なる営業方針からして、「差分」さえ御理解いただけるなら、その御活用は読者のお気に召すままです。例えば本書は『教科書的な説明の章』と『話し言葉によるインタビューの章』を交互に編《あ》んでいますから、教科書的な章が小難しいとお感じになれば、そこはサッと読み飛ばして偶数章から読んでいただいて全然大丈夫です。本書はそのように設計されています。私自身、ゲラを読むと「奇数の章はカタいなあ」「偶数の章を先にすればよかったかなあ」と思いますので。どうぞお気の召すまま、必要な箇所を御興味に応じ御活用ください。

それでは中身に入りましょう。

目次

第4章 とある公安警察官像のリアリティライン

第5章 公安警察の機能と実務

図版作成 篠 宏行
本文DTP キャップス

第1章 「公安」概論

「公安」とは何か?

先に、〝市井の人々が少なからぬ頻度で、〈公安〉なる用語を〈非公然のスパイ組織〉〈国の謀略機関〉〈秘密警察〉等々ととらえている〟と述べました。私が商業作家として体感するかぎり、これが世論のメインストリームです。すなわち市井の人々からすれば、〈公安〉というのは**組織**の名称(隠語?)です。

このように〈公安〉を組織としてとらえるなら、この用語を組織のカンバンとしている代表的な機関は6あります。「国家公安委員会」「都道府県公安委員会」「警視庁公安部」「公安調査庁」「公安審査委員会」「各級検察庁の公安部」です(すぐ個別に検討します)。

ですが法律上、〈公安〉というのは組織でなく**状態**を指すのが一般的です。

これについて例えば、警察の憲法ともいえる「警察法」なる法律は、その第5条で、

> (任務及び所掌事務)
>
> 第五条　国家公安委員会は、国の公安に係る警察運営をつかさどり、警察教養、警察通信、情報技術の解析、犯罪鑑識、犯罪統計及び警察装備に関する事項を統轄し、並びに警察行政に関する調整を行うことにより、個人の権利と自由を保護し、公共

の安全と秩序を維持することを任務とする。
2〜3　（略）
4　国家公安委員会は、第一項の任務を達成するため、次に掲げる事務について、警察庁を管理する。
一〜三　（略）
四　次に掲げる事案で国の公安に係るものについての警察運営に関すること。
イ　民心に不安を生ずべき大規模な災害に係る事案
ロ　地方の静穏を害するおそれのある騒乱に係る事案
ハ　国際関係に重大な影響を与え、その他国の重大な利益を著しく害するおそれのある航空機の強取、人質による強要、爆発物の所持その他これらに準ずる犯罪に係る事案

といった内容を規定していますが（傍線筆者）、この段階で既に、法律という完全にオープンな世界で、**〈国の公安〉**なる用語が繰り返し用いられているのが解ります。すなわち、この用語に隠微《いんび》で非公然な意味合いなど皆無《かいむ》です……少なくとも使用する側にとって

は。

そこで、この〈国の公安〉なる用語の意味合いを考えると、警察庁の解釈そして警察行政法の通説を読み解けば、それは要旨《ようし》、次のようなものとなります（著者が言い換えをしている箇所、傍線を付している箇所があります）。

【国の公安】

Ⅰ　国家的な利害

Ⅱ（国の治安確保の責任を明確にすべき）国全体の安全

Ⅲ（国の治安責任を明確化すべき）国家の治安

Ⅳ　災害や騒乱によって、地域社会における通常の安全性が害されず、あるいは共同生活の安定した状態が乱されないこと（先の第4項第4号イロ参照）

Ⅴ　重大なテロリズムによって、国が自らの自由な意思に基づき外交政策その他の基本的な政策を遂行する環境が損なわれないこと（同号ハ参照）

まあその、難しい解釈となっていますね。

ただこれらを要するに、**〈国の公安〉**とは、実に乱暴にまとめれば**「国全体の安全、国家的治安」**のこと（Ⅰ～Ⅲ）、そして**「それが害されたり乱されたり損なわれたりしない**

こと」（Ⅵ・Ⅴ）であると解ります。これをもっと乱暴に言い換えれば、〈国の公安〉とは、**「国全体として見たときの治安・安全が維持されている状態」**ともいえます。

……ここで、最初に難しい解釈をお示ししたのは、〈国の公安〉なるピンポイントな用語がそのまま用いられている条文を優先したから。他方、〈国の公安〉なる用語をそのまま用いてはいない条文であっても、実はそれを明確に規定している条文があり、話としてはそちらの方が解りやすいです。その条文とは、同じ警察法の第２条でして、それは

（警察の責務）
第二条　警察は、個人の生命、身体及び財産の保護に任じ、犯罪の予防、鎮圧及び捜査、被疑者の逮捕、交通の取締その他公共の安全と秩序の維持に当ることをもつてその責務とする。
２　（略）

と規定しています（傍線筆者）。ここで重要なのは〈**公共の安全と秩序**〉です。よって、これについても警察庁の解釈そして警察行政法の通説を読み解けば、この〈公共の安全と

秩序〉とは要旨（同前）、

A　国家及び社会の公の安全と秩序

B　法令が遵守され、社会生活が平穏に営まれている状態

C　法規又は社会的慣習をもって確立している国家及び社会の公の安全秩序

等々とされています。ましてここで注目すべきは、警察庁がこの警察法第2条を

〈公共の安全と秩序〉＝〈公安〉

と解釈していることです（公刊物）。このことは、先の警察法第5条のようにストレートには出てきませんが、警察庁自身が公に右のような等式を認めていますから、事実上条文に書いてあるのと一緒です。そして成程《なるほど》、公共の安全と秩序＝公安という等式は、市民の肌感覚でも理解できます――略語ともとらえられますから。

このように、警察の憲法ともいえる「警察法」の第5条と第2条とを掛け合わせると、法律が考えるところの〈公安〉とは詰まる所、

公安＝公共の安全と秩序＝国家及び社会の安全秩序が維持されている状態

であると解ります。これが〈公安〉の法律上の、だからオフィシャルな意味になります。

状態としての「公安」の大きな特徴

右のとおり、法律は〈公安〉を「国家及び社会の安全秩序が維持されている状態」と考えています。これを維持するのが「公共の安全と秩序の維持」で、それが法律によって警察の責務とされています。

……しかしこの点、読者の方《かた》はきっと、大したことは言っていない、常識で考えて当然のことだとお感じではないでしょうか。警察が要は治安を維持するなんて当然のことで、そこに深い意味は嗅《か》ぎ取れないと。まして世に言う〈公安〉の持つ隠微で非公然なニュアンスなど嗅ぎ取れないと。

ですが、既にこの時点で嗅ぎ取るべき重要なポイントがあります。

それは――先の警察法第2条を御再読ください――その「公共の安全と秩序の維持」が、「個人の生命、身体及び財産の保護」と並列関係にあるというポイントです。すなわち警察法第2条（第1項）は、

警察は、個人の生命、身体及び財産の保護に任じ、犯罪の予防、鎮圧及び捜査、被疑者の逮捕、交通の取締その他公共の安全と秩序の維持に当ることをもつてその責務とする。

と警察の責務を規定しているところ（傍線筆者）、この構造を解析すれば要は、

警察は、①Xに任じ＋②その他Yに当ることをもつてその責務とする

となり（犯罪の予防、鎮圧及び捜査、被疑者の逮捕、交通の取締はすべて「公共の安全と秩序の維持」の例示です）、よって結局、警察の責務は①②の2つに大別されることが解ります。

言い換えれば、「個人の生命、身体、財産の保護」と「公共の安全と秩序の維持（＝公安の維持）」は、わざわざ並列関係を明確にして規定されている警察の二大カンバンです。そしてこれらが並列関係にあるからには無論、それぞれ意味するところが違います。ではどう違うか？

字面からも直感的に理解されるとおり、前者は個人の権利利益を、後者は公共の＝国家社会の権利利益を保護・維持の対象としている点が大きく違います。これを極めて乱暴にまとめるなら（ほんとうはもっと緻密《ちみつ》な議論をしなければ警察庁に怒られますが……）、後者は個人や地域の安全を超えた、国や社会の安全（公益）を保護の対象としています。ここで重ねて後者というのは「公共の安全と秩序の維持」＝「公安の維持」のことです。

このように整理すると……

〈公安〉なる用語の、何と言いますか、「天下国家」を指向するニュアンスや、「国家百年の大計《たいけい》」を指向するニュアンスが、嗅ぎ取れてきます。市井の、一般的かつ日常的な犯罪よりも、天下国家を脅かす犯罪・国家百年の大計を練りつつ対処しなければならない犯罪を指向するニュアンスが、嗅ぎ取れてきます。より具体的には、テロ・ゲリラの一環としての殺人、強盗、放火いえ内乱、騒乱、外患誘致《がいかんゆうち》、爆発物使用、破壊活動防止法違反、いわゆるハイジャック等々を指向するニュアンスが、嗅ぎ取れてきます。裏から言えば、テロ・ゲリラの一環ではない普通の／一般的な犯罪は（殺人であろうが強盗であろうが放火であろうが風営法《ふうえいほう》違反であろうが道交法違反であろうが）、〈公安〉なる用語が指向するものではない——というニュアンスも嗅ぎ取れてきます。

　そうしたニュアンス、特性、性格傾向は、〈公安〉なる用語（＝「国家及び社会の安全秩序が維持されている状態」）に隠微で非公然な香《かお》り付《づ》けをします。そもそもテロ・ゲリラだの内乱・騒乱だのは——実際上「思想」「信条」に裏打ちされていることから——それら自体、どこかしら戦前の思想警察をも想起させる、隠微で非公然な物語性を有する犯罪です。したがいまして、それとダイレクトに相対《あいたい》する〈公安〉なる用語もまた、曰《いわ》く言い難《がた》い……敢えて言えば世に悪名を轟《とどろ》かせた特高《とっこう》警察を彷彿《ほうふつ》とさせる……独特のぬめりとかげりを帯びることとなります。

要は、「公共の安全と秩序の維持」＝「国家及び社会の安全秩序が維持されている状態」ならばこれは客観的かつ平々凡々《へいへいぼんぼん》な概念とも思えますが、これを端的《たんてき》に〈公安〉と言い換えあるいは略したとき、それは突然、市井の人々に、一種独特の摩訶《まか》不思議な神話と怪談を想起させるものとなる……単に現行法《げんこうほう》の法律の解釈をするだけで既にして「怪しくなる」「胡散臭《うさんくさ》くなる」のは、〈公安〉なる用語の魔力――とでも言うべきでしょうか。

以上、状態としての〈公安〉について概論しました。よって次に進む準備が整いました。

次節では、一般社会においてよりメジャーな、組織としての〈公安〉を概論します。

組織としての「公安」――公安の維持に関与する組織

これまで概観した法律は重ねて「警察法」です。これは警察の組織等を定める法律です。言い換えれば「警察ファミリー」＝「国家公安委員会＋警察庁＋都道府県公安委員会＋都道府県警察」の在《あ》り方《かた》を定める法律です。ここで17頁の、警察法第2条を御再読ください。条文見出しに「（警察の責務）」とありますね。そしてその代表例として、くだんの

〈公安〉＝〈公共の安全と秩序〉の維持が規定されています。これを要するに、公安の維持は警察の代表的な責務であり、よって警察一家がこの責務を果たすため諸々のオペレーションをすることは、法律上のそして民主国家の大前提です（すぐに詳しく論じますが、組織／セクションとしてそれを実施するのは、〈警備警察部門〉〈公安警察部門〉となります）。

他方で……

先に私は〝〈公安〉を組織としてとらえるなら、この用語を組織のカンバンとしている代表的な機関は６あります。「国家公安委員会」「都道府県公安委員会」「警視庁公安部」「公安調査庁」「公安審査委員会」「各級検察庁の公安部」です〟と述べました。よって本節では、これらの組織について極めてザクッと検討します（なお本節における検討の大前提として、警視庁公安部は対象から外します。警視庁公安部は常識的に「警察ファミリー」の一員であり、よって〈公安警察部門〉であることが一般社会でも自明ゆえ、本節で改めて多言《たげん》を費やす必要がないからです）。

さてここで、やはり先に私が〝市井の人々が少なからぬ頻度で、〈公安〉なる用語を〈非公然のスパイ組織〉〈国の謀略機関〉〈秘密警察〉等々ととらえている〟と指摘したことを思い出してください。人々のこのような物語は、国家公安委員会・都道府県公安委員会・公安調査庁・公安審査委員会のいずれについても適用されています。試みにネットを検索すれば、大なり小なり、右の各組織は不可思議な陰謀結社等とされています。ただそうした物語の九分九厘《くぶくりん》はファンタジーです。ではそのファンタジー性について、各個に検討してみましょう。

(1) 国家公安委員会

報道等で頻繁に出てくる組織ですが、その実態・機能はあまり知られていません。よって組織としての〈公安〉と同一視されることも稀《まれ》ではありません。そもそも「警察ファミリー」の重要な一員ですし……

しかしながら、実態論としては、国家公安委員会は警察庁の管理機関であって、〈公安〉に関するオペレーションを実施する機関ではありません。名称が紛らわしいのが誤解の元と考えられます。この〈国家公安委員会〉なる名称は——先に引用した警察法第2条・第5条の趣旨からすれば誤りではないのですが——実態論からすればむしろ**「警察管理委員会」**とでもすべきものです（いったい何故「公安」委員会なる名称を付したのか、中の人を20年弱やっていた私も不勉強で知らないのですが……我が国の公安委員会制度は、第二次世界大戦敗戦後の混乱の最中、昭和22年９月16日付けのいわゆる「マッカーサー書簡」によって、すなわちＧＨＱの指示によって設けられるに至った制度ゆえ、その立案プロセスは必ずしも明確ではありません）。

右で私が「警察管理委員会」なる便宜的《べんぎてき》な名前を出したのは、国家公安委員会というのは警察庁を直接・具体的に指揮監督しない有識者会議だからです。国家公安委員会が警察庁に対して行うのは、①事前に警察の事務の処理についてアウトライン（「大綱方針《たいこうほうしん》」といいます）を定め、②事後的にそのアウトラインが遵守《じゅんしゅ》されているかどうかを監督することでして、③原則として、警察の事務の個々についての指揮監督はできません。要は警察庁に——特殊な場合を除き——命令ができません。よって無論、〈公安〉に関するオペレーションを自ら実施できないばかりか、それについて警察庁を指揮監督しあるいは命令することもできません。国家公安委員会は管理官庁、警察庁は管理を受けつつ実際に動く官庁です。また無論、国家公安委員会の管理権限は〈公安〉部門／分野のみにかぎられず、およそ警察事務の全般に及びます。この意味でも、国家公安委員会を〈公安〉の組織であると考えるのには無理があります。

詰まる所、

国家公安委員会≒警察管理委員会＝警察事務全般を管理する官庁

＝指揮監督権のない合議体＝**直接に実施をしない有識者会議**

と押さえておけば、そのファンタジー性は掻《か》き消えます。もっとも、国家公安委員会は大臣を委員長とする、法律に根拠を有する行政委員会ですから、役所が無数に起《た》ち上げる有識者会議一般とは段違いのステイタスと権限を有しますし、法律の規定にかかわらず、警察庁がきめ細かな報告等により頻繁にその指導を仰いでいるのもまた事実です。

右で有識者会議云々《うんぬん》と申し上げましたので、最後に国家公安委員の人選について触れると、具体的には産・官・学・メディア等々の各界において功成《こうな》り名を遂《と》げたいわゆる国家的名士の方々、更に具体的にはお偉い大学教授の方や社長・役員・頭取等を経験された方、警察官僚以外の官僚として甚《はなは》だ立身出世を遂げられた方等々が法律の規定によって任命されます（先述のとおり委員長は大臣＝ほとんどの場合国会議員、です）。

(2)　都道府県公安委員会

同じく「警察ファミリー」の重要な一員ですが、議論は(1)の国家公安委員会同様です。すなわち都道府県公安委員会も管理機関であって実施機関・実働機関ではありません。都道府県公安委員会が管理するのは無論、47ある都道府県警察のそれぞれです。その管理のスタイルは、国家公安委員会について述べた①②③（大綱方針を定める＋その遵守を事後的に監督する＋事務の個々の指揮監督は不可）と全く同様となります。そしてやはり、その管理の対象は例えば〈公安〉に関する事務にかぎられず、およそ警察事務の全般に及びます。したがいまして、都道府県公安委員会という官庁も――便宜的に――**「（都道府県）警察管理委員会」**といった位置付けの組織である、といえます。

よって無論、繰り返しのようになりますが、本書の射程に関して付言《ふげん》すれば、都道府県公安委員会が〈公安〉に関する事務を自ら企画立案したり実施したり、あるいは〈公安〉に関する事務について都道府県警察に対し指揮監督・命令をすることは想定と想像の埒外《らちがい》です（国家公安委員会と併せ、フィクションにおいてはままダイレクトな指揮監督が行われていますから、設定とリアリティラインの引き方によっては、そのような創作をしても強《あなが》ち荒唐無《こうとうむ》稽《けい》ではないでしょう……縷々《るる》述べた警察法の仕組みを踏まえた上で、ですが）。

最後に、ここでも都道府県公安委員会の人選について触れると、考え方は国家公安委員会と変わりません。産・官・学・メディア等々の各界において功成《こうな》り名《な》を遂《と》げた名士の方々です。ただ〝都道府県〟公安委員会ゆえ、それぞれの都道府県内における『地元の名士』の方々であることは当然です（なお都道府県公安委員会の場合、委員長も民間の方であって政治家ではないことが、国家公安委員会とは異なる特色となります）。

(3) 公安調査庁（公調《コウチョウ》、PSIA《ピーシア》、Public Security Intelligence Agency）

警察とはほとんど無縁の、「法務ファミリー」に属する官庁です（法務省の外局）。

元々は「旧内務省ファミリー」の一員として、警察と必ずしも無縁ではありませんでした。しかしながら、①旧内務省ファミリーとしての歴史が浅かったこと（設置は第二次世界大戦敗戦後）、②早々に法務ファミリーへ移籍したこともあってか、〈旧自治〉〈警察〉〈旧建設〉〈旧厚生〉〈旧労働〉の各省庁が自他ともに認める「旧内務省ファミリー」であるのに対し、公安調査庁は内務省嫡流《ちゃくりゅう》とはみなされない傾向があります。そもそも「法務ファミリー」は検察官の独擅場《どくせんじょう》でして、詰まる所、こと治安維持に関しては旧内務省嫡流の警察と双璧《そうへき》をなす一大勢力です。よって、公安調査庁の右のような位置付けには、まあ、パワーバランス的な、強《し》いて言えば内ゲバ的な裏付けがあります。昔々の大昔は検察と警察、それはもう険悪な仲でしたし……そのテーマだけで新書が一冊書けるほどです（昭和の御代《みよ》が熟してくるにつれ、そのような権勢争い・権限争いはなくなりました、念《ねん》の為《ため》）。

ともかくも、本書の射程上、公安調査庁はまさか軽んじてよい官庁ではありません。

公安調査庁に関しては――どこまでが神話でどこまでが怪談話かを別論とすれば――まさに一般社会でいう〈公安〉なる組織と考えてよく、また、これまでに概観した〈公安〉なるお仕事をしていると考えてよいです。端的《たんてき》にはこれはまさに〈公安〉、少なくとも〈公安〉の大きな一翼を担う官庁です。その意味で、国家公安委員会・都道府県公安委員会がどこかしら「カンバンに偽《いつわ》り……とまでは言わないが不思議がある」のに対し、公安調査庁のカンバンには不思議も偽りもありません。

それではこの公安調査庁の事務＝公安調査庁が担当する〈公安〉のお仕事を概観しましょう。先の警察法と対比する意味で、「公安調査庁設置法」が規定する公安調査庁の任務及び所掌《しょしょう》事務を引きます（傍線筆者）。

（任務）

第三条　公安調査庁は、破壊活動防止法（昭和二十七年法律第二百四十号）の規定による破壊的団体の規制に関する調査及び処分の請求並びに無差別大量殺人行為を行った団体の規制に関する法律（平成十一年法律第百四十七号）の規定による無差別大量殺人行為を行つた団体の規制に関する調査、処分の請求及び規制措置を行い、もつて、公共の安全の確保を図ることを任務とする。

（所掌事務）

第四条　公安調査庁は、前条の任務を達成するため、次に掲げる事務をつかさどる。

一　破壊的団体の規制に関する調査に関すること。

二　無差別大量殺人行為を行つた団体の規制に関する調査に関すること。

三　破壊的団体に対する処分の請求に関すること。

四　無差別大量殺人行為を行つた団体に対する処分の請求に関すること。

五　無差別大量殺人行為を行つた団体に対する規制措置に関すること。

六・七　（略）

傍線箇所から明白ですが、公安調査庁の任務もまた〈**公共の安全**〉を確保することです。同様に、その手段としての事務は大別して〈調査〉〈処分の請求〉〈規制措置〉の3種類であることも分かります。

これらから解ることは、公安調査庁が本質的には**規制官庁**であることです。

例えば警察が「風俗営業」「性風俗関連特殊営業」あるいは「暴力団」を行政的に規制するように、公安調査庁は条文どおり「破壊的団体（暴力主義的破壊活動を行った団体）」＋「無差別大量殺人行為を行った団体」を行政的に規制します。言い換えれば、伝家《でんか》の宝刀である「破壊活動防止法」と、事実上のオウム真理教対策立法であったいわゆる「団体規制法」の２法を組織の御霊《ミタマ》として、一定の業界を規制するのです。この一定の業界というのは、要はテロ団体です（正確には重ねて、破防法《はぼうほう》に規定する団体＋団体規制法に規定する団体ですが）。そして公安調査庁による規制の中身は、例えば団体の「解散」を求めること、団体を「観察処分」の対象とすること、団体に「立入検査」をすること、団体の構成員等について一定の「禁止行為を設ける」こと等々となっています。

さて、公安調査庁の目的が〈公共の安全〉を確保することで、その行政規制の対象が〈テロ団体〉（暴力主義的破壊活動を行った団体＋無差別大量殺人行為を行った団体）となると、本書が採《と》り上げる〈公安警察〉といったいどう違うのか、疑問になってきます。

これについて結論から申し上げれば、①法制上・法律論上は大きな違いがあるが、②実務上・実態論上はさしたる違いがない、ということになります。

①の法制上・法律論上の大きな違いというのは、若干触れましたが、まずもって**公安調**

査庁は行政規制をかける組織であり、**公安警察は捜査をする組織**であるという点です。ここで、公安警察といえど警察の一部局ですから、「捜索」「差押え」「検証」「逮捕」「取調べ」といった犯罪捜査の権限を有します。他方で公安調査庁は犯罪捜査を任務としません。その権限もありません（言い換えれば、手段の強烈さを別論とすれば、公安調査庁がそのお客様業界を規制する仕組みは、警察が質屋営業・古物営業・探偵業等々を規制する仕組みと、法律的に大きく変わりません）。この点、国交省の海上保安庁・厚労省の麻薬取締部門・防衛省の警務隊《けいむたい》等々といった、警察同様の捜査権を認められている組織ともまるで毛並みが違います。より具体的には、警察・海保・麻取等々が逮捕・ガサといった「直接攻撃」「壊滅のための打撃」の権限を行使できるのに対し、公安調査庁はそうした武器が使えません（例えば「立入検査」なら適法にできますが、そしてそれは罰則で担保されていますが、他方で罰則を適用する権限がありませんので、罰則の適用というなら、警察に告発して警察に逮捕等してもらうこととなります）。また先の条文から明白なとおり、公安調査庁が縄張りとする業界は破防法・団体規制法に規定する団体に限定されるため、いくら〈公共の安全〉を確保することを任務としてはいても、〈公共の安全〉に影響を及ぼすありとあらゆる団体を調査の対象とすることは――法律論としては――無理です。以上をまとめると、「規制官庁か捜査機関か？」「調査を実施できるのはどこまでか？」の大きく2点について、公安調査庁と公安警察は大きく異なります。

しかしながら……

先の②で〝実務上・実態論上はさしたる違いがない〟と申し上げたこともまた事実です。すなわち――成程《なるほど》公安調査庁が調査の対象とするのは破防法・団体規制法に規定されたお客様にかぎられますが、しかしどのお客様が破防法・団体規制法の対象となるかは、実際に重大テロをやられてしまってからでは遅いのですから、常日頃から幅広に調査をする必要がありましょう。それは公安警察が常日頃から幅広に情報収集＝内偵《ないてい》捜査をする必要があるのと一緒です。繰り返しますが、どのお客様に対処すればよいのか必ずしも明確でない以上、公安調査庁の調査（行政規制の前提）と公安警察の情報収集（捜査の一環）は、かなりの確率で重複あるいはバッティングします。それぞれの任務も（警察では責務という専門用語を使いますが）**「公共の安全の確保を図る」**のと**「公共の安全と秩序の維持」**ですから、目指すところからしても重複あるいはバッティングは必然です。これらに加え、いくら公安警察には捜査権限があるといったところで、実態論として公安警察が検挙するいわゆる警備事件など、そうそうあるものではありません。中小の県警察になりますと、1年に一度も検挙できない、5年に一度あればよい方……というのが偽らざる肌感覚です。そもそも公安警察というのは、警察の他部門からの揶揄《やゆ》として御紹介すれば、身内からも「国家百年バカ」すなわち「天下国家の大計《たいけい》を図りすぎて目先の事件ができないバカ」と目《もく》されていますから（真偽は別論、127頁参照）、その実務は結果として情報収集＝内偵捜査に大きくシフトしてしまう傾向があります。言い換えれば、検挙＝事件化《ジケンカ》の実務のパイが小さくなりがちです。そうなると、普段からやっていることは（少なくとも表見上は）公安調査庁とさして変わらない、と断じてしまうこともできます。このあたり、なかなか専門的にはおもしろい論点ゆえ、また第2章等で再論しますが――ここでの議論をまとめれば、公安調査庁と公安警察は「お客様を重複させがち」「日常業務を重複させがち」といいえ、よって先のとおり〝実務上・実態論上はさしたる違いがない〟ということになります。

　となりますと、特に警察としてはこの事実上の競業他社に対し「公安調査庁は不要」「打撃力のない規制官庁は弱い」「職務執行能力に疑問がある」といった主張をしがちですし、逆に公安調査庁としては「国が獲《え》る情報のルートを複数にしておくことが重要」「現実に国の情報コミュニティに貢献している実績がある」「海外の在外公館にも公安調査官を展開している」といった反論をしがちです。

　この点、我が国における現時点で最後の中央省庁等改革（省庁ガラガラポン。平成13年1月）において、警察と公安調査庁を統合するという机上のプランも出ましたが……私が知るかぎり警察、特に公安警察は全く乗り気でなく、よって真剣な検討の対象となることもなく、いつしか忘れ去られました。

　そんな両者の関係は、さすがに昭和の御代《みよ》のことは存じませんが（耳学問では、昭和の御代だとそれは深刻な内ゲバもあったとか……）、平成から令和にかけて、「大昔の御先祖が一緒だった超遠縁の親戚」「営業対象がバッティングするが最近は喧嘩《けんか》していない」「自分は喧嘩したことがない」「お互いに新しい課題があって忙しそうだ」「新法の運用で協力すべき仕事がままある」といった距離感が形成されているのではないかと、半ば体験論として思います。

　なおこの節の最後に、それぞれの組織の規模を比較すると、公安調査庁が庁全体として——検察官も事務官も地方の職員もひっくるめて——定員１７４０人（法務省定員規則。令和4年4月1日現在。なお全て国家公務員）。警察が定員29万６１９４人（令和4年警察白書。同年4月1日現在。なお一般職員等を含み、もとより地方公務員を含む）です。ここで無論、警察職員の全てが公安警察の職員であるはずもないので、なら公安警察の定員はいかほどかといえば——それは秘密で不開示情報です。中の人であった私自身、気に懸けたこともない数字ですし。ただ私の雑駁《ざつぱく》な想像でよろしければ、私は公安調査庁の10倍～20倍なるザクッとしたイメージでとらえています（数え方にもよります。というのも後述する〈警備警察〉と〈公安警察〉とは実務上異なる概念ながら、必ずしも明確に分かちがたく、その結果、例えば治安警備実施をも担当する〈機動隊〉を算入するかどうかで、トータルの数字は大きく異なってくるからです。同様の問題は、公然部門たる〈事件係〉を算入するかどうか、警察署の警察官をどうカウントするかどうかといった場面でも生じます）。

(4)　公安審査委員会

公安調査庁同様、「法務ファミリー」の一員です（法務省の外局、国の官庁）。その家族関係は、既に見た国家公安委員会と警察庁の関係に似ています。すなわち、この公安審査委員会も法律の根拠を有する有識者会議でして、**規制官庁たる公安調査庁をいわば統制し**ます。なお当然のことですが、公安審査委員会は「警察ファミリー」とは無関係ですので……公安調査庁ならまだ一定の法律的関係があるのですが……公安審査委員会が警察を統制する、公安審査委員会が警察を管理する、はたまた、**公安審査委員会が公安警察を管理するといったことは一切ありません。**行政組織の系統がまるで異なるからです。

ここで、公安調査庁は警察と異なり、いわば「公安専門」ですから、その公安調査庁を統制するとなれば、公安審査委員会もまた一般社会でいう〈公安〉の一部と考えてよいでしょう。しかしながら、これは国家公安委員会同様、自ら〈公安〉なるお仕事を実施する機関ではありませんので、その観点からは、〈公安〉の大きな一翼を担う官庁とまではいえません。

なら公安審査委員会は、〈公安〉の一部として何をしているか？

例えば、国家公安委員会は警察事務の全般にわたる「管理」（特殊な専門用語でしたね）を恒常的に（毎週開催が基本）行う合議体であるのに対し、この公安審査委員会が行うのはその名のとおり「審査」で――こちらはカンバンどおりの名を持つ組織ですね――ましてこの「審査」は、公安調査庁が「団体Aにこういう規制をかけたいから御審査ください!!」といった感じで請求をした場合にのみ行うことができます。国家公安委員会と公安審査委員会とでは、運営の在《あ》り方《かた》がまるで異なります。そもそも、公安審査委員会の委員長・委員は非常勤です。

「審査」についてもう少し概論すると――もし公安調査庁が、団体Aに対して破壊活動防止法に規定する「解散の指定」なる処分を行いたいと考えるなら、必ず公安審査委員会にその審査を請求し、「認容《にんよう》」(可)の決定をもらわなければなりません(なお公安審査委員会は平成9年、我が国史上初となる、破防法の規定に基づく「解散の指定」について審査結果を出しましたが……それは「棄却《ききゃく》」でした。それ以降も、破防法の規定に基づく規制が「認容」とされた例は皆無《かいむ》です。伝家《でんか》の宝刀とはなかなか抜けないものですね)。

規制官庁たる公安調査庁が審査を求めるべき規制には右の「解散の指定」のほか、「活動制限の処分」「観察処分」「再発防止処分」があり、うち「観察処分」については、オウム真理教に対し平成12年から「認容」の決定が出続けています(3年更新で、近時では令和3年にまた更新されています。なおこれは団体規制法のギミックであって、先の破防法とは枠組みが異なります)。

なお豆知識的になりますが、何と言いますか……組織が複数出て来ましたので、「偉さ比べ」をしてみましょう。官庁の「偉さ」、具体的には官庁のポストの「偉さ」は俸給《ほうきゅう》(給料)で決まります。それが霞が関ムラのしきたりです。よって俸給表を一瞥《いちべつ》すれば、どっちが/誰が偉いのか、たちまち定まることになります。例えば「警察庁長官」は指定職8号俸（最高ランク）、「警視総監」は指定職7号俸、「公安調査庁長官」は指定職6号俸、後に詳論する「警察庁警備局長」は指定職5号俸、「公安調査庁次長」は指定職3号俸、「警視庁公安部長」は指定職2号俸となっています。加えて、実施・規制を担当しない職も挙げれば、「国家公安委員会委員長」は大臣ゆえ特別職の第2位（指定職8号俸より上）、「公安審査委員会委員長」は前述のとおり非常勤ゆえ単純比較できません。

最後に、この節では根拠となる法律を引きませんでしたので、①この節の内容、特に公安審査委員会の任務と所掌《しょしょう》事務は「公安審査委員会設置法」という法律で定められていることと、②公安審査委員会の委員の人選スタイルも国家公安委員会同様であること（産官学メディア等出身の国家的名士の方々）を付言《ふげん》しておきます。

(5)　各級検察庁の公安部

我が国で〈公安〉なるカンバンを掲げている組織の紹介の、最後になりました。

ここで、検察庁というのは検察官の仕事を統轄《とうかつ》する官庁です。細かい議論を措《お》けば、最高検察庁が1、高等検察庁が8、地方検察庁が50、設置されています。これらの検察庁／検察官は無論、「法務ファミリー」の一員ですが、実際上は「法務ファミリー」の支配者です。法務省を動かしているのは法務キャリア官僚ではなく、司法試験をパスした検察官だからです（よって検察官のこの支配は、法務省の外局である公安調査庁にも及びます）。

各検察庁には、専門の部門たる「部」が置かれます。問題の「公安部」というのも、各検察庁に置かれたセクションです。ただ、我が国の全ての検察庁に「公安部」が置かれているわけではありません。「公安部」が置かれているのは、①最高検察庁、②高等検察庁、③地方検察庁のうち東京地方検察庁・大阪地方検察庁・名古屋地方検察庁となっています（「検察庁事務章程」）。このうち、いわば現場の実働部隊は地方検察庁であると考えられますから（乱暴で雑な議論ではありますが）、本節では右の③、地検公安部について検討します。

まず結論から申し上げると、③の**地検公安部**は世に言う〈公安〉の仕事を――例えば公安調査庁なり公安警察なりが行う諸々のオペレーションを――**実施する権限があるものの、実際には実施していない／実施できない状況にある**と考えられます。私は法務省等に出向したことがないので、その実務・運用を肌感覚で知ることはできませんでしたが、役人の道理だけで考えてもこの結論は導けます。以下、その理由を大きく3つ述べます。

ア　歴史的事情

先に私は〝いくら公安警察には捜査権限があるといったところで、実態論として公安警察が検挙するいわゆる警備事件など、そうそうあるものではありません。中小の県警察になりますと、1年に一度も検挙できない、5年に一度あればよい方〟と申し上げました。公安警察が相当な人的規模で（36頁参照）内偵《ないてい》捜査を継続し掘り起こし掘り起こし掘り起こしてやっとこうなのです。自然、その事件のバトンタッチを受け、補充捜査をし起訴をして有罪判決を勝ち獲《と》るという検察官の仕事量も、極めて少なくなります。

昭和の御代《みよ》では違いました。昭和の御代、なかんずく「警察戦国時代」とも呼ばれる政治的激動の時代においては、何の誇張もなく連日連夜、津々浦々《つつうらうら》で機動隊と例えば極左暴力集団が肉弾戦を……字義《じぎ》どおりの戦争を繰り広げていましたから、逮捕すべき被疑者にも起訴すべき被疑者にも事欠きませんでした。しかし、特に60年安保・70年安保を頂点とする政治の季節が終わるにつれ、そうした「正面対峙《たいじ》」「正面対決」は鎮静化し、現象として露《あら》わになっていた騒乱あるいは内乱的状態は――要はド派手なドンパチは――非公然部隊による秘密裏の犯罪にシフトしてゆきます。テロ・ゲリラも往時《おうじ》に比べれば散発的・限定的なものとなってゆきます。だからこそ捜査の難度《なんど》・コストが高まり、平成・令和の御代《みよ》では〝1年に一度も検挙できない〟〝5年に一度あればよい方〟となるのです。重ねて、捜査をする警察が斯《か》くの如《ごと》しであれば、起訴をする検察もそのようになります。頑張っていいいいいいいいいいるのに仕事の結果が出ないいのです。そして役所は税金で運営されていますから、頑張っていようがいまいが客観的に結果の出せないセクションはリストラされます（ある部門がリストラされれば他の部門がパワーシフトの恩恵を受けますから、このリストラは存外、恐怖すべき厳しいものとなります）。

結果、20世紀末～21世紀初頭にかけて、警察でも検察でもリストラが実施されました。警察ではそれは「警備部門（公安部門）から生活安全部門へのパワーシフト」となり、検察ではなんと「地検公安部の廃止と地検特別刑事部の設置」となりました。今現在、検察の実働部門において「東京・大阪・名古屋の3地検にしか公安部がない」というのは、他の地検の公安部がリストラ・改組《かいそ》された結果です。私は某《ぼう》県の公安警察の指揮官としてこの大リストラ時代を実体験しましたので、私と私の仲間の身の上もさることながら、「やっぱり検察庁さんでも公安部門は縮小かぁ……」「時代の流れだなぁ……」としみじみ慨嘆《がいたん》したのを憶えています。

イ　検察と警察の仕事の切り分け方

地検公安部が〈公安〉の仕事を実施できない／実施していない理由の第2です。

いみじくも検察庁御自身が明言しておられますが、「警察は刑事事件の第一次的な捜査を行い、検察庁は起訴・不起訴を決定するための捜査を行います」（検察庁HP「Q＆Aコーナー」）というのが両者の仕事の原則的な切り分けです。これを警察の世界では**「警察に第一次捜査権がある」**といいます。更にこれを公安警察について見れば、テロ・ゲリラ・内乱・騒乱・暴力主義的破壊活動・無差別大量殺人行為といった犯罪の捜査は、第一義的には警察の仕事だ――ということになります。

無論、検察官には警察官同様の捜査権限がありますし、よっていわゆる「独自捜査」（検察官が自ら事件を認知し、自ら全ての証拠を収集し、当然起訴事件とする捜査）を行い得ますし行いますが、実際上その主力は右の「特別刑事部」とあと有名な「特別捜査部」（特捜部。有名な東京地検特捜部など）であり、ましてそれらの主たる目的は、報道等で周知のとおり汚職、企業犯罪といった政治上・経済上の巨悪の剔抉《てっけつ》（＝えぐりだし）であって、まさかテロ・ゲリラ等ではありません。組織犯罪の捜査もなさいますが、前述の時代の流れからして、例えば暴力団による薬物事犯がメインとなります。まとめれば、検察・警察の捜査実務において、テロ・ゲリラといった犯罪の捜査は、だからその内偵《ないてい》捜査も（≒情報収集も）、第一義的には警察の仕事とされていると、こうなります（法律上の権限があるかどうかとは別論です、念《ねん》の為《ため》）。

ウ　検察の組織規模

地検公安部が〈公安〉の仕事を実施できない／実施していない理由の第3です。

我が国検察官の総数は、2754人です（令和4年7月1日現在。「検察官在職状況統計表」）。繰り返しますが、これが我が国検察官の総数です。なら常識的に考えて、地検公安部の検察官の総数はこれを遥《はる》かに下回ります。ここで、〈公安〉のお仕事のみに従事する公安調査庁の定員が1740人であることを思い出してください（35頁参照）。すなわち〈公安〉なるお仕事は、法務ファミリーにおいては、1740人を投入して実施すべきお仕事であるととらえられているのです。また法務ファミリーにおいては、家族内に1740人もの専門家が既にいるのです。これらを踏まえれば、地検公安部の検察官が世に言う〈公安検事〉〈公安検察〉として独自のオペレーションを実施していると考えるのは常識と道理に反します。

ここで、余談のようになりますが――例えばテロ団体の構成員1人の内偵捜査をするとして、24時間365日の完全行動確認をするとするならば、必要な人員はまさか4人5人ではありません。まさかです。まして交替制の運用が必要。バイク複数も必要なら車両も必要。倹《つま》しい話をすればガソリン代も篦棒《べらぼう》に必要。いえそもそも追及《ツイキユウ》（尾行など）・面割り・防衛《ボウエイ》（ユニットの安全確保など）、抗議けん制対応といった、オペレーションを実施する上での特殊技能が必要……このような実務の在り方から考えても、世に言う〈公安検事〉〈公安検察〉が検察の中枢・エース級として、公安警察を指揮監督しながら思想犯を弾圧している……云々《うんぬん》といった摩訶《まか》不思議な神話・怪談話は、昭和の御代《みよ》ならいざ知らず、令和5年の今ではファンタジーである以上に陰謀論でしょう。

エ　その他

地検公安部が〈公安〉の仕事を実施できない／実施していない理由の第4として、極めて個人的な経験をひとつ述べます。

先に述べた大リストラの時代（世紀の変わり目あたり）、既述《きじゆつ》のとおり私は某《ぼう》県で公安警察の指揮官を務めていましたが、ある勤務日のうららかな午後、突然、現地の地検特別刑事部の検事さんからお電話を頂戴したのです（当該《とうがい》県は地検公安部のない県、その仕事は地検特別刑事部が担っている県でした）。電話の主は、それまで御挨拶《ごあいさつ》もお話もさせていただいたことのない検事さん。要は赤の他人です。よって「ハテ何だろう、事件関係で急ぎの対応はないはずだけど……」と独《ひと》り言《ご》ちながら受話器越しの声を拝聴するに、要旨、「当県におけるオウム真理教の現状についてレクチャーいただきたい」「直接お話を伺《うかが》いたい（来い）」とのこと。私は正直吃驚《びっくり》しまして（検事さんからそんな依頼を受けたのは20年弱の警察官人生において最初で最後）、若さもあってか、つい「公安調査庁さんに勝るレクチャーはできません」「公安調査庁さんのメンツを潰してもアレですし……」と、まあ嫌味ととられても仕方のないお返事をしてしまって。結果、話が流れたのは確かですが……実は、その後のやりとりの内容はまるで記憶していません。というのも電話を切った直後、個室のすぐ外に座っている女房役《にょうぼうやく》警視に「地検の検事さんが変わったことを言ってきたよ～」と雑談を振って以降、器《うつわ》の小ささ、小役人《こやくにん》ぶり等を滅茶苦茶《めちゃくちゃ》怒られ、その記憶が四半世紀を過ぎた今なお強烈だからです。この閑話《かんわ》が、私が地検の〈公安〉担当セクションを肌感覚で知り得た唯一の経験です。

——以上、本章では次の内容を概観しました。

Ⅰ　〈公安〉なる用語の意義

Ⅱ　状態としての〈公安〉と組織としての〈公安〉

Ⅲ　〈公安〉なるカンバンを掲げている組織

Ⅳ　現実に〈公安〉の仕事をしている組織

無論、ⅢⅣについてはまさに本丸が残っています。それは公安警察です。その公安警察については、実際の組織・機能・実務を第3章・第5章で詳論《しょうろん》します。

なお、右のⅣに関連して、

A　内閣情報官の下の内閣情報調査室（ザクッと200人規模）

B　外務省国際情報統括官の下の国際情報統括官組織（ザクッと100人規模）

C　防衛省の情報本部（ザクッと2000人規模!!）

は、日本の代表的な情報機関ととらえられており、現実に〈公安〉の仕事をしている組織とみなされることも多いですが、本書の検討の射程からは外します。ザッと理由めいたことを言えば、それぞれの官庁（右では内閣官房、外務省、防衛省）がその任務の範囲内において必要な情報収集を行うのは当然かつ適法ですし、それぞれの任務が明確に違う以上

（省庁の任務にカブりはありません）、それぞれの情報収集の目的、手法、スタイル、長所、情報源、手癖《てくせ》等は時に大きく異なってくるからです。したがって、ＡＢＣを〈公安〉としてとらえたり〈公安〉の仕事をするものとしてとらえるのは、これまでの議論に鑑《かんが》み私としては消極ですが（例えば公共の安全と秩序の維持を任務としておらず、またそのための捜査権限等もないので）、そこは、市民個々の定義と世界観によるところ大だと思います。

第2章 公安警察のリアリティライン

担当編集者（以下「編集」）　本日は、我々市民にとって謎多き「公安警察」について大いに語ってもらおうと思います。ここでは組織としての総論を語っていただき、そのあとで実に有名な「とある公安警察官像」について語っていただく予定です。よろしくお願いします。

著者　どこまでお役に立てるか解りませんが、どうぞよろしくお願いします。

編集　公安警察の経験はどれくらいですか？

著者　警察官人生の約3分の1です。

編集　国の警察庁で？

著者　警察庁の警備局にも勤めましたし、都道府県警察の警備部にも複数回勤めました。

編集　すると、いわばプロフェッショナルですね。

著者　必ずしもそうではないです。私は交通警察以外の全ての警察を経験していますので。うちいちばん長かったのは生活安全警察です。キャリアの在り方の理想はジェネラリストとされていますから。

しかしながら、国の警察庁で全国警察に関与する仕事をしたこと、複数の府県警察本部で管理職の仕事をしたことは、警察の他の専務《センム》はもとより、警備警察・公安警察を論じる上でも強みにはなっています。

というのも、ひとつの県にかぎられない鳥瞰的《ちょうかんてき》な視点を持てますし、ひとつの県の実務・文化・癖にかぎられない平均的で公平な視点を持てますから。47都道府県警察ではほんとうに様々な実務・文化・癖あるいは「偏り」が見られますが、警察庁~都道府県警察~警察庁~別の都道府県警察と異動してゆくことで、基本は基本、公約数は公約数、癖は癖、土着文化は土着文化……と識別できるようになります。それは私にとってほんとうに有難い経験です。

編集　実際に尾行や張り込みをしたり？

著者　いえそれはさすがに。それは都道府県警察の現場の警察官にはまさか敵《かな》いませんし、所属長が現場に出ては現場に迷惑です。とはいえ現場の士気を保つため、実際のオペレーションの現場を督励《とくれい》・視察することはままありますし、アジト・拠点の適正な運営は管理職の責任ですし、またそうそう現場に出る暇もないほど各オペレーションの検討・決裁・部外渉外等々もありまして。加えて、警察署警備課への出張というか、偉そうに言えば指導の機会もほんとうに多いです。

編集　アジト？　拠点？

公安警察の規模と予算

著者　ああ、これは例えば予算上の専門用語で、秘密でも何でもありません。アジトとは警察に御協力いただける善良な方と接触する施設、拠点とは公共の安全と秩序の維持に影響を及ぼす方々をウオッチする施設です。大規模県なら当然、小規模県でも数多《あまた》の施設を運営していますので——無論「関係者」「お客様」も多くなりますので、会計検査が入ると、全部ちゃんとコントロールしているか厳しくチェックされたりしてホント大変なんです。

編集　協力者との接触アジト、対象者の視察拠点という感じでいいですか？

著者　にわかに怪しい怪談話になりましたが、何を隠すこともない、御指摘のとおりです。安全な居酒屋、安全なカフェを用いることもありますが、より安全なのは最初からアジトとして設定した家屋等ですしね。拠点が視察拠点であるというのも……まあ「視察」というと語弊《ごへい》がありますが、他の刑事警察・生安警察同様、いわゆる行動確認等をするための拠点には違いありません。

編集　そんなことを公言して大丈夫なんですか？

著者　はいもちろん。これ、会計検査院にも丁寧に御説明申し上げる話ですので。だから会計検査院さんも、アジト・拠点・協力者さん・謝金のあらましについては昔々からよく御存知ですしね。いえ実際、「このアジトはどの協力者さんとの接触に用いるのですか？」「この甲《こう》拠点の大家さんはどのような方？」「この10月から謝金を差し上げているAさんはどんな団体・組織に属しているのですか？」「おっしゃる内容の情報提供謝金として10万円は過大では？」「ここ3年、居酒屋〈古野亭〉ばかり利用している理由は？」「過去3年で最も犯罪捜査に資した情報とその提供者を教えてください」「お部屋の金庫を今開けてもらえますか？」等々、市民の方が聴いたらビックリするかも知れないツッコんだやりとりが平然となされます。そしてそれは、他の行政機関に堂々とお答えするくらいですから、このレベルだと秘密でも何でもありません。もっとも、「具体的に誰に幾らどこでどうして誰が何故」といった個々の職務執行については不開示で、守秘義務の対象ですが。

編集　会計検査院という言葉が出ましたが、そんなツッコミが多々あるということは、やはり世に言うとおり、公安警察は予算に恵まれているんでしょうか。予算は潤沢《じゅんたく》ですか。

著者　うーん……主観的にはまさか潤沢ではないです。私は今現在のデータをまるで持ち合わせていませんので、自分の記憶と経験でお答えしますが、例えば担当さんが私に「邪教カルト古野教の構成員名簿」を御提供してくださったとしますよね。そのときまさか、勤め人の月給ほどの謝金をお支払いすることはできません。そんな重要な情報なのに、そうですね、例えば私達が回らないお寿司屋で新刊刊行の打ち上げをするお代と同程度か、それ以下か……そもそも我が国の財政は厳しい状況にありますので、自然、公安警察の予算も間断ない見直しと厳しい査定にさらされることとなります。現場で24時間働いている警察官にとっては、お財布事情に苦悩する場面が多いでしょう。

編集　具体的な予算としては、いくらくらいですか？

著者　秘密でない数字を用いれば、国の年間予算が全国で約１００億円。なお人件費は含みません。人件費は都道府県の負担と決まっているので。

編集　その１００億円はいわゆる捜査費ですか？

著者　そこがまたややこしいんですが、捜査費は別立てです。そして警察の全部門についての数字しか見当たらない。全部門について年間約31億円。ここで、私の昔々の経験と記憶から、独自の計算式を用いて、うち約17億円が警備部門の捜査費。当然、この警備部門というのは情報部門のみならず機動隊といった実施部門を含みます。あと警衛《けいえい》警護《けいご》も。

ですので、予算についてはその道の現役の専門家でないと十分な話ができません。

だから非常にザクッと、丸い数字で「公安警察の予算は約１００億円、捜査費も入れるなら約115億円ほど」と、そうイメージしていただければ。そしてこれを47都道府県で均等に割れば……警視庁の巨大さや超小規模県の存在はまるで無視して……約2億円～約2・5億円。月額にすれば、均等に割って約1600万円～約2000万円。

ただしこれ、警備実施部門のお金も警衛警護のお金も、あるいはそれ以外の固定費的なお金も含むので……皆さんがいわゆる「情報機関」として思い浮かべる公安警察の予算とはいえないですね。よって昔々の話でよろしければ、年額約3500万円、月額約300万円弱というのが、まあ、往時のしっくりくる数字です。重ねて往時の、昔々の。だから今現在、これが半分になっていても私は全然驚きませんが……

編集　刑事さん・刑事部門と比べてどうなんでしょう？

著者　例えば捜査費についていえば、実は現場レベルで見ると、都道府県警察においていちばん捜査費を配分されているのは、一般論・経験論として刑事警察です。イメージでよろしければ、警備警察の約2・5倍ほどは予算があるはずです。

編集　えっ刑事さんの方が2倍以上。それは何故？

著者　そりゃ仕事が多いですもん。殺人、傷害、放火、強盗、器物損壊、窃盗、詐欺……これほぼ全て刑事警察の仕事ですから。約2・5倍でも全然足りないんじゃないでしょうか。

編集　でも今、警察庁予算を見ると、警備警察への配分がいちばん多いと読めますが……

著者　数字のマジックです。警察庁予算は国費《コクヒ》。しかしその国費以外の捜査費もあります。いわゆる県費《ケンピ》です。で、この県費はまさに都道府県の予算ですから、いくら国の警察庁予算を見ても出てきません。まるで出てこない。

ここで、警察庁予算を見たとき警備警察への配分がいちばん多いのは、警備警察は基本、国費のみで動く警察だから。他方で例えば刑事警察は、国費でも県費でも動きます。いえ一般論・経験論をいえば、県警察の刑事部門は国費の2倍以上の県費を確保しています。2・2倍とか、そんなあたり。

まとめると、国費のみで動く警備警察と、国費＋県費で動く刑事警察とは単純比較できず、県費を含めて考えたとき、最も予算規模が大きいのは刑事警察、となります。

編集　なかなか複雑ですね。では予算の次に、人的規模というか定員を教えてください。

著者　それは秘密の最たるものですね。「敵」に知られるわけにはゆかない「手の内」ですから。戦争をするときに、自分の兵力がどれだけでその専門別定員はどれだけで……なる情報を開示するお人好しはいないでしょう。事実、警察本部についても警察署についてもも、部門別定員はまず開示されません。数え方にもよるので、「計算できない」という事情もあるでしょうが……

編集　ならイメージで言うならば。

著者　例えば、全国警察の交番のおまわりさん、いわゆる地域の制服のおまわりさんですが、これが全国警察の約35％～約40％。公安警察はまさかその半分もありません。４分の１すらあるかどうか。

といって例えば、我が国のミニマムの交番は２人×３交替で運営されていますが、だから配置は６人ですが、この６人という規模では、テロリスト「１人」の２４時間３６５日行動確認すらできません。まず無理。ですのでイメージで考えれば、公安警察はそうしたユニットを複数個運営しなければならない。無論、テロ団体等は１つだけではないので。

編集　そうすると、そのユニット、６人なら６人を何倍かした数は当然必要だと。

著者　ユニットの人的単位が６人とは全然かぎりませんが、道理としてはそうなります。

編集　更にイメージで言うと。

著者　がんばりますね。なら飽くまでも府県の「ひとつの課」のイメージでいえば……また「警察署」は規模が大小様々になりすぎますから警察署を取り敢えず無視すれば……そうですね、学園祭でお化け屋敷やクレープ屋をやる、その一店舗二店舗ほどの人数はまず必要でしょう。

編集　ひとつの課が、学校の一学級、二学級ぶん。

著者　さあ……

編集　口が重いので質問を変えます。そうした規模・予算の「公安警察」が目指すもの、達成したい目的とはズバリ何でしょう？

公安警察の目的と性格

著者　これは法令上明確ですが、「警備犯罪の取締り」によって、「公共の安全と秩序の維持」を脅かすテロ団体等を封圧《ふうあつ》・壊滅させることです。

公安警察は、我が国で唯一犯罪捜査の権限を与えられた情報機関ですので、情報収集もさることながら、その捜索・差押え・逮捕・課税通報といった権限を駆使してテロ団体等に「直接的打撃」「物理的打撃」を与えることができます。いわゆる事件化《ジケンカ》によってそれができます。そうした事件化を何度も何度も繰り返して実現することで、最終的にはテロ団体等の壊滅を目指します。無論、それには時に30年、50年あるいはそれ以上の歳月が必要となるでしょう。

編集　その「テロ団体等」というのが世に言う「視察対象団体」ですか？

著者　うわ、また懐かしい言葉ですね。30年ほど昔に聴いた感じ。今では用いていないというか、私は職業人生を通じて「視察」「視察対象団体」なる言葉を使ったことがありません。公安調査庁さんは「調査」「調査対象団体」なる用語を用いるはずですが、それは法令に「調査」なる用語が規定されているから。他方で警察関係法令に「視察」なる用語はありませんので、使わない道理です。

編集　でも一定の組織を監視しているのは事実ですよね。共産党さん、過激派さん、オウム真理教さん、右翼団体さん、外国の団体さん……

著者　監視、も物騒ですね。仮にウオッチしているとして、「重大な関心を払っている」あたりがオフィシャルな物言いでしょう。そもそも、それぞれのお客様について余程《よほど》の証拠・根拠・実績が……テロ等の実績とそれを実行させた動機・教義・理論についての根拠があれば別論、ほんとうの戦争をしている以上、「ウチはあなたを監視していますよ～」「ウチはあなたを視察していますよ～」なる手の内をさらすお人好しはいません。重ねて、余程の証拠・根拠・実績があれば別論ですが、一般的には「重大な関心を払っている」あるいは「具体的な捜査等の対象についてはコメントを差し控える」でしょうね。

編集　ただ警察白書を読めば、どの団体をウオッチしているかは自明ですよね。

著者　あと冊子「焦点」とか「治安の回顧と展望」とかですね。だから自明といえば自明。ただそれを「監視している」「視察している」などとは明言していないはずです。まして可能なら「重大な関心を払っている」すら明言したくはない。手の内ですから。そこは広く公刊されている白書や冊子でお察しいただければ、というスタンスではないでしょうか。税金で動いている以上、「具体的な捜査等の対象についてはコメントを控える」というツンツンで終始するのも不適切でしょうし。

編集　すると、お客は白書や冊子に載っている組織にはかぎられないと。手の内だから。

著者　もちろんそうでしょう。今の私には知る由もありませんが、「公共の安全と秩序の維持」を脅かすかぎり、それに対処するのが納税者から負託された警察の責務で、かつオウム真理教に係る一連の事件、その反省を踏まえれば、「テロをやられてからでは遅い」「やられてから対処するのは後の祭り」なのですから。なら「やる前」に、「重大な関心を払う」こともとても大事ですよね。

編集　ちょうど公安調査庁のお話が出てきたので聴きますが、公安調査庁とはやはり仲が悪いのですか？　仕事の切り分けとかはあるのでしょうか？

著者　その昔……私が警察官を拝命した平成一桁《ひとけた》より昔は、現場でバッティングすることも、妨害し／妨害されることもあったようですが、それはその当時においても「思い出話」「先輩の逸話」でした。そういう昔話を聴いて育った警察官が、公安調査庁さんによい思いを抱かないのは当然ですが、私が現場に出ていたときについて言えば、バッティングも妨害もなかったです。経験したことがない。職業上の接点を持ったこともない。よって私自身は、好悪の感情を持つ機会に恵まれませんでした。両者の距離感はそんなものです。

仕事の切り分けとしては、実態論としてカブりますが法令上はカブりません。すなわち公安調査庁さんは御本尊《ごほんぞん》・破防法《はぼうほう》を適用するための規制官庁。警察は特定の法令にかぎらず、だから破防法にかぎらず、あらゆる法令を駆使してテロ団体等を壊滅させる捜査官庁です（警察の活動は捜査に限定されませんが）。詰まる所、最後に実力行使できるかどうか、実力行使の波状攻撃で「壊滅」を指向できるかが大きな違いとなります。

編集　他の情報機関、例えば内調、防衛省情報本部、外務省国際情報統括官とはどんな関係ですか？

著者　まさかケンカする間柄ではありません。それぞれの情報機関にはそれぞれの得意技と得意分野があり、よって現場でド派手に競合するといったスパイアクション物にはなりません。そもそも御指摘の組織はやはり犯罪捜査の権限を持ちませんし。ちなみにですが、内閣情報官とその内閣情報調査室に関していえば、警察との関係は、ぶっちゃけ血統の極めて近しい分家筋、といってよいでしょう。どちらが本家かは別論として。実際、内閣情報調査室とはしばしばお仕事を御一緒させていただいたことがあります。無論、しごく適法なかたちで。

編集　情報機関、という点に関連して、やはり公安警察というのは戦前の特高警察や、陸軍中野学校とつながりのある組織なのでしょうか。それらの後継者というか。

著者　敗戦から優に70年以上が過ぎた今現在、そのような意識を持っている警察官は皆無だと思います。私もそうです。公安警察の仕事をしていた全期間を通じて、そんな意識を持ったことがありませんし、教養《キヨウヨウ》＝教育訓練においてそんな意識を植え付けられたこともなければ植え付けたこともありません。

それは旧軍と自衛隊さんの関係と同様でしょう。今現在、外征を指向したり外国に侵攻したり、そんなことを考えている自衛官さんは皆無のはず。公安警察もそうです。今現在、思想を弾圧したり特定の団体を恣意的《しいてき》に壊滅させたり、そんなことを考えている警察官は皆無です。というのも公安警察は特高警察と異なり、飽くまで「犯罪」という「行為」を取り締まる警察ですから。憲法で絶対的に保障されている思想の自由・信教の自由を侵害しようとするはずがありません。

何故と言って、もしそれをやってしまえば、「敵」は必ず法廷闘争に持ち込んでくるからです。よろこんで。そしてその法廷闘争に負けて裁判所に激怒されれば、公安警察の仕事はその日から立ちゆかなくなる。「敵」はおろか、善良な一般市民の方々さえ、公安警察の活動を認めず、それを徹底して制約・阻害しようとするに違いありませんから。「敵」の手の内を知り「敵」の出方が解るからこそ、思想の弾圧、思想の取締りといったペイしない冒険は行いません。それは、損得勘定を考えればどなたにも解るはずです。

編集　それはモラルや遵法意識というより、戦争をする上での損得勘定だと。

著者　ミニマムなラインとしてはそうですね。でもそれって、公安警察の警察官個々がより道徳的・倫理的に正しい判断をしている、という可能性を全然否定しませんが。このことについて付言すれば、バカなことをすれば警察庁警備局のまさかなまやさしいものではない徹底的なおしおきが待っている、という事情もありますしね。

編集　その警察庁警備局がバカなことをしようとすれば？

著者　国会でもメディアでも矢面《やおもて》に立つのはその警察庁警備局ですから、退職願を書き、退職金を全額諦める決意をしたなら話は別論ですが、例えば警察官を30年以上やってきていよいよ警察庁警備局長になったと、いよいよ公安警察担当役員になったと、その任期は1年〜1年半だと。ましてその上も狙えると。そういう人間が合理的であるとき、全国警察に証拠が残ってしまうようなバカなことをするかと言えば、私は消極に解しますね。道徳的・倫理的な判断をまるごと無視したとしても、これまたペイしません。

編集　ええと、やはりその警察庁警備局長というのが公安警察のトップなのですか。

著者　そうですね。そしてそれは法令上おかしなことでもありません。警察庁には都道府県警察に対する一定の指揮監督権がありますし（警察法第16条）、「国の公安に係る犯罪その他特殊の犯罪の捜査に要する経費」は全額国費ですから（警察法第37条）。飽くまでも諸々のオペレーションを具体的に実施するのは都道府県警察ですが、警察法上、それに一定の統制を及ぼすことは適法で、それは生安警察、刑事警察といった警察の他の部門でも行われていることです。法令上、公安警察について特殊特別な枠組みが設けられているわけではありません。

公安警察官という生き方

編集　警察庁警備局長は、やがてトップの長官になるエリート、エースなのですか？

著者　そもそも警察庁で「局長」になるのはキャリアの中でもエリート、エースです。それだけでも十分に位人臣《くらいじんしん》を極めたことになります。無論、そのエースの中でも更にエースである警察官が、やがては警察庁長官か警視総監になりますが……

昭和の昔、警備部門が花形だった昔はともかく、令和5年の今では、警備部門がエリートコースであるとか、警備部門から必ず長官・総監が出るとか、そうした解りやすい人事はありません。出るかも知れないし出ないかも知れない。そうした意味で各部門平等です。

というか、令和5年の今、警備部門しか経験したことのない警察キャリアなんていないのではないでしょうか。キャリアはジェネラリストとして育成されますので。当然、ある程度の専門の偏《かたよ》りはありますが……昭和の昔、連日連夜機動隊が極左と正面対峙していた頃のように、「警備こそ中枢で警備こそ本流だ」などと考える警察キャリアは今いませんし、実際、そのようなスペシャリスト指向の人事は行われていません。

編集　公安警察が花形ではなくなったということでしょうか？　なら今、公安警察は他の部門からどのように見られているのでしょうか？

著者　それは実は一般の市民感覚と変わらない。少なくとも摩訶《まか》不思議なところ。平均的には秘密主義で怪しくて排外的なところ。そうとらえられているでしょう。それはそうです。他の警察に比べ公安警察は職務上の秘密がホント多いので……

ただやはり、令和5年の今、どの都道府県警察の警察官をとっても、「警備はエリートだ」「警備は本流だ」などと考えている警察官はいないと思います。そうした意味で、やっかみも羨望も憧れもない。あるのは「同じ屋根の下にいる警察一家の家族なのに、俺達には何をやっているのかサッパリ解らん連中」といった怪訝《けげん》な気持ちに尽きると思います。

編集　ではその公安警察官について教えてください。まず、どのような警察官が公安警察官になれるのですか？　適性、採用といった点で。

著者　警察の大原則として、生安《セイアン》・刑事・交通・警備の私服4専務《センム》には、それぞれ、事実上の「新人登用権」があります。これら4ギルドが、ギルドごと紙と面接の試験を実施し、新人を採用します。ですので、新人あるいは私服希望者が、この各専務ごとの試験に「我こそは!!」と挑戦し、それに見事合格すれば私服勤務に、専務員になれます。このことは警備警察についても、だから公安警察についても変わりません。これが採用のプロセス。

適性について言えば、これは例えば交番における勤務ぶりとか、交番において警備部門の仕事を多くこなしたとか、そうした日々の実績の積み重ねで判断される部分もあります。ただそうした実績がないあるいは少ないとしても、そうですね……一般的な情報収集センス・情報分析センスに富んでいるとか、犯罪捜査にセンスがあって研鑽《けんさん》も怠らないとか、そうした公安警察にかぎられない実務センス・実務スキルがあれば、試験に合格しやすいでしょう。センスの土台があれば、公安警察の実務なんて入門してから幾らでも叩き込んでもらえますから。

編集　成績や実績の縛りとか、あるいは家族関係の問題とかは無関係ですか？

著者　私が胴元となって実施した試験についていえば、極端に警察学校の成績、はたまた年々の勤務評定が悪かった人を除き、学校成績等に着目したことがありません。そりゃ、よければよいで加点要素になり得ますが。専務員としての伸《の》び代《しろ》は学校成績等で測れるものじゃありませんし。

あと家族関係……これは公安警察の警察官に特則があるわけではなく、警察官一般について、だからどの専務においても一定の縛りはあります。といって私、実は母方の祖母の兄弟筋にとあるお客様団体の方、まして議員先生をやっておられる方がいて。でも公安警察の門をくぐるまで、自分自身それを全然知らなくて。もう就職して数年も経ってから、ふと祖母と雑談していた際、それを偶然教えてもらってまあ吃驚仰天《びつくりぎようてん》。ただ私はそれについて、組織から一切問責《もんせき》されなかったので……まあその程度の話だと思っていただければ。といって無論、面接等において「私は邪教カルト古野教の信者です!!」と堂々とおっしゃる方がいるとすれば、そりゃ残念ですが、警察官でない違う人生を選んでいただいた方が関係者全ての利益に適《かな》いますよね。

編集　実際に警察に「潜入」された例はあるのですか？　カルトでもカルト以外でも。

著者　飽くまでも一般論ですが、お客様団体各位がそれをしないとすれば、それは随分牧歌的なテロ団体ですよね。それは当然の手の内。だから、それを大前提としたお仕事をさせていただくことになるかと。

編集　秘密の多い公安警察官ですが、警察官名簿から消されるというのは本当ですか？

著者　公安警察は秘密警察でも何でもないので、それは嘘です。そもそも警察官名簿、というのが何を指すのか解らない感じもしますが、まず公安警察内で名簿があるのは当然ですよね、メールアドレスとか電話番号帳とか。で、それを警察の管理部門が知らなければならないのも当然ですよね、警務《ケイム》部門とか総務部門とかいいますが。ましてその管理部門は定員管理や予算管理、なかんずく超過勤務の管理や人事異動の起案や昇任試験の主催をしますから、公安警察の警察官を含む、全警察官の名簿がないわけない。

他方で、じゃあ管理部門が知るべきことを警察の全部門が知るべきかというと、それは必ずしもそうではない。要するに、人事だの組織改正だの予算だの時間外だの昇任だの、そうした管理部門の仕事に対して隠すべきものは何もありませんが、それは必ずしも生安・刑事・交通、あるいは交番部門の警察官に知らせる必要がない。

その意味で、とある「名簿」はフルスペックで他の「名簿」は胡散臭《うさんくさ》く消されている部分がある。そんな感じでとらえていただければ。詰まる所、何のための名簿か、誰が読む名簿かによって書き方が変わります。また、書き方を変えるのは何も公安警察だけではありません。人事部門自身もある程度隠れますし、あと例えば刑事部門の知能犯捜査、ここの人たちも隠れる傾向にあります。事情は組織犯罪対策部門の暴対《ボウタイ》、薬物銃器も同様。

編集　公安警察官は偽名を使いますか？

著者　オペレーション上必要ならば。それは警察のどの専務でも一緒です。ただ無論、信頼関係を醸成するためには偽名はむしろ不利。そうしたオペレーション上はペイしません。

編集　公安警察官は、自分がそういうものであると家族に話すのですか？

著者　ええと……自分の所属は隠しません。そもそもオープンですし、様々な事務連絡等に載りますから。時には弔事連絡とか。警察本部の当直表にも出るんじゃないかな……だから、「警察署警備課で働いている」「警察本部警備第一課で働いている」ということならナチュラルに話すでしょう。他方で、具体的な配置状況、具体的な職務執行については絶対に話しません。それはまさに「手の内」で、絶対に敵に知られてはならないものですし、いったん誰かに漏らしたなら、どこでどう伝わるか解りませんから。

編集　結婚のとき、結婚相手やその親戚を調査するのでしょうか？

著者　……そもそもそれ以前の話として、公安警察の警察官は調べる側のプロフェッショナルですから、『組織人として問題があるような結婚相手のチョイスはしない』と思いますが。ただ一般論として、万一悲劇的なカップルが誕生するようなら、人事上、黙って見ているわけにはゆかないのではないでしょうか。重ねて、そもそもそういうチョイスをしないと思いますが。公安警察の警察官は、陽キャ陰キャの違いは別として、総じて慎重・

堅実なタイプが多いですし。

編集　堅実という点ですが、公安警察官の給料というのは他の警察官より高額ですか？

著者　まさかです。ある都道府県の警察官は九割九分、同じカテゴリに属する地方公務員ですから、階級ごと、同じ俸給《ほうきゅう》表によってお給料をもらう。どの専務員だから高い低い、というのはありません。

ただ手取りについて言えば、例えば……もしよい事件をしっかり内偵捜査しているなら、むろん勤務に応じた超過勤務手当が出ますから、事件をやっていない／事件をそもそも担当しない警察官に比し、グッと手取りが上がるでしょう。ただ重ねて、それはよい事件をやっているかどうかによるので、公安警察だからこう、刑事警察だからこう、というセクション別の特徴ではありません。

編集　公安警察官の出世は何で決まりますか？　どんな公安警察官が出世しますか？

著者　無論、情報実績・事件実績によりますが……実の所、どれだけ優秀な警察官でも、昇任試験に受かり続けないことには出世はありません。要は巡査部長試験、警部補試験、警部試験、警視試験……等々とペーパーテスト＋面接に合格してゆかなければなりませんし、この昇任試験は当然、公安警察だろうが刑事警察だろうが一《いち》の都道府県内では全警察共通規格です。基本、試験科目も共通なら、面接官も全部門から出ます。その意味で、まず「警察官としての出世」がなければ、公安警察の警察官としての出世もありません。

他方で、例えば同じ警部補と警部補、同じ警部と警部なら、その出世とは要はポスト争い。どうやって、より重要とされるポストに就くかどうか。そしてそれは、やはり情報なら情報、事件なら事件で、具体的な活躍により具体的な実績を出す必要があります。それはだいたい、警察本部警備部の庶務担当課の幹部（次席あたり。管理職警視）が一括してウオッチしていますし、警察署警備課長（警部・警視）も管理職としてその庶務担当課の幹部を助けます。このからくりもまた、公安警察特有のものではありません。というのも、各専務というギルドを支配しているのは、警察本部の各部門の庶務担当課だからです。

編集　そのギルドで、女性は公安警察官になれますか？　女性の数は多い、少ない？

著者　なれます。ただ庶務のお姉さんを除くと、私の時代ではどの府県でも課に1人でした。圧倒的に少ないです。警視庁・大阪府警察といった横綱は全くの別論ですが。加えて、公安警察のオペレーションには女性警察官を投入すべきものも少なくないので、きっと平成～令和を通じて、女性警察官の登用をグッと推進しているはずです。

編集　それはハニートラップのためとか……

著者　いえ、日本警察においてそれは禁じ手です。警察庁が怒り狂うでしょう。そうした偽計《ぎけい》は、要は「騙《だま》し」「ウソ」は、犯罪捜査においては裁判所に糾弾される大きなキズとなりますので、これまたペイしません。

私が今「公安警察のオペレーションには女性警察官を投入すべきものも少なくない」といったのは、例えば特定のお客様の追っかけを考えるとき、女性にしか入れない場所、男性が入ると違和感のある場所、カップルでないと不自然極まる場所等々が当然想定されるからです。

公安警察のオペレーション

編集　公安警察にはすさまじい調査能力がある、とたくさんの本で読みましたが、例えば尾行、変装といった特殊スキルはどうやって、どこで学ぶのですか？

著者　た、たくさんの本があるんですね……いえ御質問にお答えしますと、それが尾行技術・変装技術かは別論として、職務執行上必要となるスキルについては、警察が大好きな「学校」、やたらと存在する各級の「学校」で専門講座が開講されたりしますし実務ゼミが開催されたりします。設定に基づくロープレ、実戦訓練も。ああこの「学校」というのは旧中野学校的スパイ養成機関という意味では全然なく、単純に警察学校・管区警察学校・警察大学校といった、警察官なら誰でも入る公然の学校です。そこで様々の追加講座・選択カリキュラム・特別コース等が開催され、そうした機会に必要なスキルを上書き・アップデートするとこういう意味です。

ただこんなことは組織の一般論として当然のことで、公安警察固有の仕組みでも何でもありません。刑事警察でも生安警察でも交通警察でも、実務に関する教養《キヨウヨウ》＝教育訓練は絶えず実施しています。刑事さんだって、例えば行動確認スキルは欠かせないですもんね。また昨今の急速なＩＴ化・デジタル化に伴って、装備資器材の改善・新規導入は当然行われているはずですが（私はもう知り得ません）、そうしたものの習熟訓練・実戦訓練も、公安警察のみならず全専務にとって重要課題となるでしょう。

編集　殉職のリスクはありますか？「敵」に殺されるとか。

著者　昭和の昔は、それこそ敗戦直後から平成に変わるあたりまで、テロ団体等が警察官を殺すことはハードルの低い行為でした。「白鳥事件」「印藤事件」あるいは「あさま山荘事件」は有名ですし、そうでなくても指折り数えるのが難しいくらいの事件で、数多《あまた》の機動隊員その他の警備部門の警察官が殉職しています。負傷者なら星の数ほど。そもそも、騒乱とか爆弾テロとか火炎びんの投擲《とうてき》等々がめずらしくもなかった時代ですから……

しかしながら、私が現役の頃を考えると、常にリスクを意識してはいましたが、時代の流れか、自分が襲撃されることも部下職員が襲撃されることもありませんでした。もっとも、部下職員はそういう事案が未然防止できるよう日々情報収集をしているわけで。更に言えば、そうした日々の情報収集を徹底していないと、具体的なオペレーションを実施する自分自身が殉職しかねないわけで。そうした意味で、部下職員のいわば防衛意識・防衛水準というのは私の比ではなかったですし、そのスキルも超一流でした。閑話《かんわ》ですが、私に気付かれずに私の行動確認をするくらいは朝飯前ですしね（実話）。裏から言えば、私自身の防衛水準は結果としてとても低かった……私にかぎった話でしょうが。

編集　公安警察のやる事件というのはめったに報道されませんが、ある公安警察官を取り上げてみたとき、その警察官が職業人生で一度も事件を手掛けなかったというケースはありますか？

著者　うーん、ないでしょうね。というのも、大規模なテロ・ゲリラ、あるいは大規模な内偵捜査になればなるほど、警察本部員はもとより警察署警備課員も相当数、動員しなければならないので。要は大規模な事件になればなるほど、それに関与する公安警察の警察官の数はふえる。だから関与の程度は濃淡あっても、その県の歴史に残るようなテロ・ゲリラの場合、県下のほとんどの公安警察の警察官がそれを「経験」するわけです。

それに加え、犯罪の規模が日常的になればなるほど、事件化のハードルは低い。このときは人数はいりませんが、裏から言えば「それくらいは警察署でやってね」と警察署の自主性に委ねられる部分が大きくなる。そうした日常的な犯罪については、公安警察に属する年数が約30年として、約30年で一度も経験したことがないというケースは稀《まれ》だと思います。罪種《ざいしゅ》としては傷害、脅迫、免状不実記載の例を思い出しますが、こうしたものは各警察署でやってもらわないといけないし各警察署もやりたがる。それも先に述べた実績につながりますから。そうしたものが可視化されないのは、端的には報道が小さいからです。

編集　報道が小さいと、市民の評価も小さいか無くなりますよね。そのことへの不満とか。

著者　公安警察について言えば、他の専務にまして「チームプレイ」が至上命題ですし、だから個人としての功名心は概して低いです。解ってもらえなくて当然、という気持ち。

ただ公安警察の警察官は誰もが自分のやっている仕事に強い誇り、確固たるプライドを持っていますし、それに裏打ちされた各自の仕事内容は公安警察内の、公安警察の上司に確実に把握されます。チームプレイが至上命題なので必ずそうなります。

よって、仮に市民の評価が得られなくて悔しいとしても、それは「評価されなくて悔しい」とは全然違います。公安警察内において評価は確実に、緻密に、年単位、十年単位で積み上げられますし、それは時間外やボーナスや人事措置にしかるべく反映されます。というか、そうした評価の積み上げこそが管理職のいちばん大事な仕事のひとつです。

編集　もし、「ある公安警察官の1日」の勤務内容を描いてみるとすれば……

著者　それは無理。担当内容によって激変しますし。そもそも手の内ですので。

編集　出勤時間とか、服装とか……

著者　個別具体的なオペレーションによって、勤務形態は千差万別です。

もっとも服装についてはカンタンで、どの専務とも一緒ですが私服勤務です。様々な私服となるでしょうが。儀式・行事がないかぎり制服は着ません。重ねてどの専務でも。

編集　ただ、さっきの「評価」の話を前提とすると、意外と上司への報告は多そうですね。

著者　そこは公安警察でも刑事警察でも生安警察でもそうですが、組織の階段がありますので。例えば、そうですね、警部補以下のプレイヤーなら、ほぼプレイに専心できます。

他方、警察の一般論どおり、警部からが管理職なので、いざ警部になると、警視・警視正への報告事務がグッと多くなります。裏から言えば、いざ警部になると、部下がプレイに専心できるよう上司から守ってやる、そんな環境作りの仕事が多くなります。

編集　公安警察は国家警察なので、警察署長の指揮も警察本部長の指揮も受けない、なる指摘がありますが……

著者　まず公安警察は全体として国家警察ではありませんし、警察署では警察署長の、警察本部では警察本部長の指揮を当然に受けます。ゆえに日々の細かな報告も欠かさない。

このことを警察署について考えれば、そもそも警察署の警察官というのは、警察署長が煮て食っても焼いて食ってもかまわない、全て警察署長の思いどおりになる警察官です。それは警察署警備課の警察官でもそうです。となると、特に警備部門の出身でない署長にしてみたら、「何だかよく解らん陰謀に勤《いそ》しんでいる。全員山奥の駐在所に飛ばしてやろう」というのもまったくアリ。法令上も実務上もそれはカンタンで、実際上誰も止められない。これを警察署警備課の警察官から見れば、「ちゃんと仕事内容を署長に解ってもらわないと、予算も下りないばかりかすぐにでも左遷される……」となる道理。報告しない方がハイリスクなのです。ちゃんと報告をして、いわば「お味方」になっていただく。それが公安警察の日々の仕事をスムーズに実施する大前提です。隠すことにメリットがない。

このことを警察本部について考えても、事情は変わらないばかりかより深刻になります。ある都道府県における全ての警察活動は、全て警察本部長が無限責任を負うものですから。このことを公安警察の視点から見れば、「キチンと報告して決裁を頂戴していれば自分の責任は免れる」「何も自分のところで握ってしまって爆弾を抱え続けることはない」「責任者にこそ責任をとっていただかなければ」となります。そもそも警察本部長とは──警視総監もそうですが──右のような全能神たる警察署長の生殺与奪《せいさつよだつ》すら思いのままにする、都道府県における治安の独裁官です。知事の指揮監督さえ受けない。自分が支配する都道府県警察について、知ろうと思えば何でも知ることができる。口を割らせる権限がある。それは社長としての人事権、予算編成権、定員管理権、組織管理権、果ては日々の細かな決裁の一件一件に拒否権を行使する権限……等々の抑止力・執行力によって完璧に裏打ちされている。よって甚大なリスクを覚悟しなければ叛逆《はんぎゃく》は無理です。ましてキャリアはジェネラリスト指向ですから、警備部門を一度も経験したことがない警察本部長の方が少数派となる道理。「知っている」警察本部長なら極論、オペレーションの一挙手一投足にまで指揮権を及ぼしても何ら不思議ではないです。仮に「知らない」警察本部長が御着任なさったとして、そのときこそやはり「お味方」になっていただかなければ、公安警察の日々の仕事が回りません。全く悪意なくリストラされかねないので。

よって私が現場にいた頃は、どの府県でも、事件指揮を節目節目でしっかり受けるのは当然の義務として、情報関係についても、警察本部長秘書官にお願いして最低でも週に一度、最低でも30分ほどは情報レクのお時間をとっていただきました。こちらからお願いして。また既に時効ですので喋《しゃべ》ってしまえば、「警察本部長の意向を無視して警察庁にしたがう」ことは皆無でしたが、「警察庁の意向をペンディングにして警察本部長・警務《ケイム》部長にしたがう」ことはままありました。要は社長・副社長の御希望を、ヤミで、ダマテンで優先したことがありました。御両者からの特命も多く（もちろん適法）、そうしないと都道府県警察ではやってゆけないからです。もっとも、そうやっていわば騙したかたちになる警察庁の警察官とて、国と地方を行き来しますから、当然、そうしたからくりも職業経験として実体験しているわけで。だから私のそうした国への叛逆も、「察知していた」「解っていて黙ってくれていた」可能性の方が遥かに大きいですが……

とまれ、公安警察と警察本部長、公安警察と警察署長のほんとうの距離感というのはそういったものです。これぱかりは、やった者しか解らない。

編集　今、「オペレーションの一挙手一投足」という言葉が出ましたが、例えばいわゆる協力者工作はどのように行うのですか。端的にはスパイ作り。

「いわゆる」協力者工作

著者　……いちいち言い換えますが、それは「警備犯罪について何らかの重要な情報を有している」と認められる方に、「任意に、全く自発的に、公共の安全と秩序の維持のため御協力いただく」ときの流れ、善意で国と県のため御協力いただくときの流れですよね？

編集　綺麗に言えばそうなりますかね。

著者　例えば「振り込め詐欺集団」があったとして、その集団内に今述べたような懇切《こんせつ》で正義感を有する方を見出すのが「スパイ作り」でしょうか。私はそうは思いません。

編集　スパイではないと。

著者　任意で、自由意思で、公益のため御協力いただける方です。正確な言葉遣いではないかも知れませんが、ある種の公益通報です。テロ団体等の違法行為を申告することについて、甚《はなは》だ勇気ある御協力を決意なさった方ですから。公安警察の警察官にもそれを

「スパイ」「スパイ運営」などと単純化しあるいは貶《おとし》める警察官はいません。いえ、そんな安易でなまやさしいものではないです。

編集　その具体的手法は？

著者　手の内ゆえ比喩で。

例えば担当さんが御結婚なさった折、奥様とは様々な物語があったと思います。事の最初から言えば、奥様を当初、恋人として意識したとき。恋人になりたいと意識したとき。デートしたいと意識したとき。告白したいと意識したとき。いよいよ結婚したいと意識したとき。具体的な結婚生活を意識したとき……様々なフェイズがあり、様々なイベントがあり、様々なリアクションがあり、波瀾万丈があり、ケンカがあり涙あり笑いあり……時に諦めようとしたことがあり。それが、奥様と担当さんの熱意と性根、覚悟と決断によって今こうして、人も羨む結婚生活を送っている。未だにふたりだけの秘密にしておかなければならないことも多々あるでしょう。ただふたりであれば、ひとりよりできることが格段にふえるでしょう。そしてその絆が真実のものなら、死がふたりを分かつまでふたりは運命共同体、結合体、同志、いえそれぞれが自分自身でしょう。

要するにそういうことです。

編集　えっ、要するに？

著者　公安警察の警察官なら誰もが一度は教わる話。人間、例えば異性を恋人にしようとするときほど、真剣に段取りと一挙手一投足とリアクションを考えるときはない。もちろん失敗するために努力するバカはいない。いや絶対に死に物狂いになる。それを考えれば、公安警察の仕事なんぞ朝飯前だと。

編集　なるほど。しかし私は妻に謝金は払いませんが。

著者　指名手配犯に関する情報提供にも謝金が出る時代です。「命懸け」「人生まるごと懸け」で信じられないリスクを背負って御協力いただけるパートナーに、法令上・予算上・社会通念上許されるお礼をさせていただくのは当然のことかと。

編集　具体的に、どのようなかたちで情報を聴きとるのですか？

著者　それも例えば奥様とのコミュニケーションとさほど異なりません。もっとも事が事ですから、夫婦の物理的安全が確保されることがコミュニケーション上最も重要ですが。

編集　ズバリ、ニセ領収書とか。要は裏金。

著者　ペイしません。このスマホ全盛の時代、このSNS全盛の時代、例えば若い警察官にニセ領収書を作らせたとして、私が上司だったらその日から夜も眠れませんよ。いつ画像・動画添付の上全世界に発信されるか分かりませんもの。

当然、こうした部門ですから、部下職員とは常日頃から強固な信頼関係で結ばれていますが、しかし私達には「敵」がいるわけで。その「手の内」も読めるわけで。ならば、オセロの石が引っ繰り返る可能性は……そう可能性だけは絶えず想定しておかなければなりません。そうした危機管理を考えたとき、ニセ領収書だの裏金だのはウルトラハイリスクの割りにウルトラローリターンで、全くペイしません。素直に退職金まで金銭的欲求を持たずにいる方が、投資として合理的かつ心臓によい。

編集 更に協力者について。戦果はどうなのでしょう。伝説的な協力者、大きな事件につながった協力者……

著者 私のような平々凡々な指揮官でも、部下に幾度か目覚ましい戦果を挙げてもらって、警察本部長や警察庁から所属に賞状が出た経験を持ちますが……「死して屍《しかばね》拾う者なし」。公安警察の警察官に功名心も個人的な名誉もありません。全てがチームプレイ、しかも永遠に匿名のチームプレイで固有名詞は残らない。戦果を声高《こわだか》に語る文化もない。ましてや他の都道府県警察の活躍の詳細は、警察庁の担当警察官ら以外、公安警察の警察官ですらメディアの報道によって知るしかない。

さすがに、例えばテロ団体等のトップが「そうだった」となると……戦前の特高のスパイＭを思い起こさせる話ですが……風の便りに噂話くらいは漏れ聴こえてきますが、といってそれを詳細に確認する術《すべ》もなし。無論、公安警察の文化として、自分が関与したオペレーションの秘密はすべて「墓場にまで持ってゆく」のが常識。実際私も今それに最大限留意して喋り、あるいは書いています。

要するに、自分たち自身による戦果以外の戦果については、公安警察の矜持《きょうじ》と文化から、正直何も分かりません。そしてそれこそ公安警察が士気高く活動していることの証左だと考えます。

編集　もう少し協力者について。例えば、ミイラ取りがミイラになるようなことは？

著者　ああ、オペレーションにおいて、公安警察の警察官のほうが誑《たら》されてしまう場合ですか。それも先述のとおりで、可能性としては「オセロの石が引っ繰り返る」ことを常に念頭に置いて仕事をしなければなりません。事はテロ団体等との戦争ですから。「手の内」は解りますから。

ただ私は部下職員についてそういう経験を持ちませんし、全国的にも皆無に近いのではないでしょうか。まさにオペレーション中の、そんなメロドラマ・スペクタクルロマンは。
というのも先刻、「恋人」「求愛」「結婚」なる比喩を用いましたが――このときもし親戚のおじさんおばさん、あるいは仲人さん等々、ふたりの行く末に重大な関心を持っている親族等がいるとすれば、愛し合う／愛し合おうとするふたりの動向を、そう、遠くから優しく見守ることがあるかも知れません。大事な息子・娘ですから。そういう一家内のお節介が必要な場合も、あるかも知れませんね。

編集　ひい、ふう……20問いえ23問です。2ジャンル23問。
……ええっと、すみません残り何問ほど？

著者　それは無理。もう無理。私とっしょりの病人で、まして隠居の身ですから。

編集　それではいったん休憩にして、また第4章で「とある公安警察官像」を検討するとき、一緒に聴けるものは聴くことにしましょう。

著者　了解しました。実に雑駁《ざつぱく》でしたが、それではいったん。

（了）

第3章 公安警察の組織

基本的考え方

すぐ詳論《しょうろん》しますが、〈公安警察〉についてはまず、次の事項を押さえる必要があります。

(1) 我が国の**警察組織内の一定の部局**を総称する（部門名、セクション名）
(2) 我が国の**警察がとる事務のうち一定のジャンル**も指す（専門分野名）
(3) 〈公安警察〉というのは**実務上の概念**である
(4) **法律上、〈公安警察〉の概念は〈警備警察〉の用語により表される**
(5) 〈公安部門〉と〈組織犯罪対策部門〉とは異なる
(6) 〈公安警察〉は、犯罪という**行為を取り締まる部門／分野**である
(7) 〈公安警察〉の事務は、国（警察庁）と都道府県（都道府県警察）とで分業されている

本章では、(1)(3)(4)(7)の諸点を概観します。他はすぐ第5章で採り上げます。

セクションとしての公安警察

【図-1】は、国の警察であるところの警察庁の組織図です。警察庁には長官官房《かんぼう》、生活

安全、刑事、交通、警備、サイバー警察といった「局」と、そのなかの一定のまとまりである外事情報、警備運用といった「部」があるのが分かります。

うち「警備局」に注目してください。公安警察というセクションは、この「警備局」にあります。このことは、外事課、国際テロリズム対策課そしてまさに公安課なるセクションが見て取れることから一目瞭然《いちもくりょうぜん》ですが……実は筆頭課・庶務担当課である警備企画課もまた〈公安警察〉ととらえてよい面を持つなど、課のカンバンだけでは「どこが公安警察なのか？」を必ずしも識別できません。

【図－1】警察庁の組織

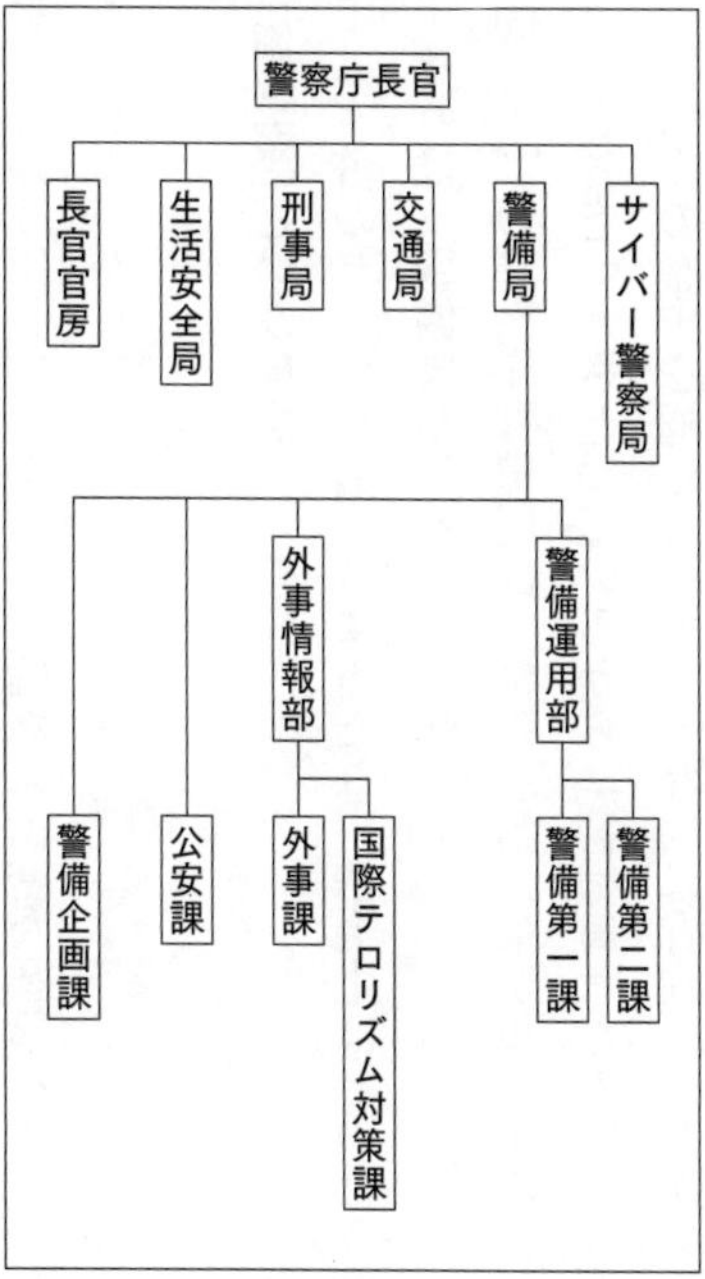

この解りにくさは、そもそも**〈公安警察〉が法令上の概念ではない＝実務上の概念である**ことにも由来します。言い換えれば、実務として——厳密な定義なく——用いられるのが〈公安

警察〉という用語で、よって正確な／緻密《ちみつ》な議論をするのなら、この用語は取り敢えず避けた方がよいからです。

「警備警察」という概念

では本書のテーマを論ずるに当たり、法令上はどのような用語を用いるべきかといえば——それは**〈警備警察〉**という用語です。

【図-1】の警察庁警備局は、警察法第24条が規定するとおり、主として**〈警備警察に関すること〉をつかさどっているから「警備局」**なのです。例えば「公安局」ではないですし、警察庁の歴史を通じてそのような局は存在しません。

なら単純に、実務上の〈公安警察〉＝法令上の〈警備警察〉と考えてよいか、というと……極めて厳密な議論をすればそうですが、実務・慣習はまた異なるので話は複雑です。

よってまず、警察法第24条が規定する〈警備警察〉の中身を見てみましょう。

【警備警察とは】

①公共の安全と秩序の維持を目的として行われる、

②国の公安又は利益に係る犯罪及び社会運動に伴う犯罪の取締りに関する作用、

③並びにそれらの犯罪に関する情報に関する作用

……これ、警察庁の有権解釈ですので難しいですね（記号・改行は著者、一部言い換え）。ともかくも解読してゆくと、①は第1章でさんざんやった〈公安〉〈責務〉関係ゆえ難しくないですが、②③は接続詞が多くて道に迷います。ゆえにじっくり慎重に読めば、②③は次の内容を示していることが朧気《おぼろげ》に解ってきます（「作用」というのは……雑駁《ざっぱく》ながら……法律的な影響を与える「行為」「機能」ととらえてください）。

【警備警察の内容・特徴】

Ⅰ　一定の犯罪の「**取締り**」が、警備警察の事務である（②）

Ⅱ　Ⅰの犯罪とは、次の犯罪である（②）

　ⅰ）**国の公安に係る犯罪**＋ⅱ）**国の利益に係る犯罪**

　ⅲ）**社会運動に伴う犯罪**

Ⅲ　Ⅱの犯罪の「**情報**」に関することもまた、警備警察の事務である（③）

ここで、右のⅡの犯罪のことを法令上〈**警備犯罪**〉といいますので（例えば警察庁組織令第38条第2号参照）、要は〈警備警察〉とは

α　警備犯罪の取締りに関する事務

β　警備犯罪に関する情報に関する事務をつかさどる警察で、部局《セクション》です。実は極めてシンプルな概念です。なおこの『**α＋β＝取締り＋情報**』は、今後しばしば使いますので軽くお心に留めておいていただければと思います。

警備警察＝公安警察

そして結論を先取りすれば、これは実務上の〈公安警察〉と等しい概念です。よって**〈警備警察〉＝〈公安警察〉**は、右のα＋βの事務をつかさどる警察で、部局《セクション》です。ここで、〈公安警察〉はまさに実務上の概念ゆえ、明確な定義を持ちませんが……しかし例えば、日本警察の長兄《ちようけい》たる警視庁が公表している説明として、次のような文章があります。

【公安警察とは】

「国民の安全・安心を確保するため、国際テロ組織、過激派、右翼などによるテロ、ゲリラの未然防止に向けた諸対策をはじめ、各種違法行為の取締り、北朝鮮による拉致容疑事案などに対する捜査、対日有害活動の取締り、サイバー攻撃に係る捜査や対策、NBC（核・生物・化学物質）テロへの対応などを強化

推進しています」（令和４年度警視庁採用サイト「職種紹介」、見出し・傍線筆者）

右の「取締り」「捜査」はまさに先のα、「未然防止に向けた諸対策」「対策」「対応」は常識的に考えて先のβです（例えば、情報がなければ未然防止できません）。なお、右は採用サイトの文章ゆえ懇切《こんせつ》にも「対象勢力」まで例示してくれていますが、αβの対象となる具体的な勢力・団体は法令上それらに限定されるものではないですし、実務上も秘密とされるのが一般です。

以上で、法令上の〈警備警察〉と実務上の〈公安警察〉が理解できましたが……

警察庁警備局の複雑さ

しかし話を厄介《やっかい》・面倒にするのは、警察庁警備局のつかさどる事務が、実はこの〈警備警察〉に関する事務にかぎられない点です。要するに警察庁警備局は、警備警察に関する事務以外に、次の事務をもつかさどっています（警察法第24条参照）。

Ａ　警衛《けいえい》に関する事務

Ｂ　警護《けいご》に関する事務

C　警備実施に関する事務

D　警察法に規定する「緊急事態」に対処するための計画とその実施に関する事務

さて右のDは特異な事務ゆえ検討を省《はぶ》くと（警察法に規定する「緊急事態」の布告《ふこく》がなされた実例は今日只今《こんにちただいま》まで皆無《かいむ》です）、A〜Cは要するに、部隊運用・部隊活動によって何かの目的を達成したり何かの安全を確保したりする事務です。

Aの「警衛」は天皇・皇族の身辺の安全を確保しつつ雑踏事故等を防止する事務ですし、Bの「警護」は——今現在この用語を用いると胸が張り裂ける気持ちを憶えますが——内閣総理大臣・国賓《こくひん》・外国使臣《ししん》・衆参両院議長・最高裁長官・国務大臣といった要人の身辺の安全を確保する事務です。加えてCの「警備実施」は、まさに機動隊等の部隊を運用する治安警備実施（対《たい》警備犯罪の警備実施）＋災害警備実施（対《たい》災害の警備実施）＋雑《ざっ》踏《とう》警備実施（対《たい》雑踏事故の警備実施）という事務です。

繰り返しますが、A〜Cの公約数は、部隊運用・部隊活動によって何かの目的を達成したり、何かの安全を確保したりすることです。

警備運用部と「実施《ジッシ》」

ここでまた【図‐1】を御覧《ごらん》ください。警察庁警備局は、局内に「警備運用部」なる部をしたがえていますね。「警備運用部」、そう「警備運用部」です。今《いま》し方《がた》、私は繰り返し部隊運用なる用語を用い、また警備実施についてくどく説明しましたが、この警備局内に置かれた「警備運用部」は、まさに右のA～Cを担当する部局《セクション》なのです（警察法第19条・第24条第3項。ちなみに説明を省いたDをも担当します。このことも以降省略します）。

結局、何が言いたいかというと――

この警備運用部は、警備局の一部局《セクション》でありながら、〈警備警察〉に関する事務をつかさどってはいないということです。これを言い換えれば無論、警備運用部は〈公安警察〉に関する事務をつかさどってはいない、となります。何故と言って、再論になりますが、

①法令上の〈警備警察〉＝実務上の〈公安警察〉であり

②両者は要は先の$\alpha+\beta$（警備犯罪の取締りに関する事務＋警備犯罪に関する情報に関する事務）であり

③警備運用部の事務A～Cがその$\alpha+\beta$を含まないことは明らか

だからです。

これらを要するに――

警察庁警備局の部局《セクション》のうち、警備運用部は〈公安警察〉の部局《セクション》ではありません。

今議論しているのはセクションとしての公安警察で、要は警察庁警備局のうち「**どこが／どれが公安警察か？**」への答えですが、これまでの議論で早速、警備運用部は公安警察ではないとハッキリ解りました。よってそのしたがえる各課――警備第一課及び警備第二課も（【図‐1】参照）、警備局の部局《セクション》でありながら、公安警察の部局《セクション》ではありません。

ひとつの答えが出ました。

残る部局《セクション》は、警備局本体の二課と、警備局外事情報部の二課です（【図‐1】参照）。

「実施《ジッシ》」と「警備警察」

ちょうどよいのでここで触れておくと、警備運用部がつかさどる事務のまとまり＝先のA～C＝部隊運用・部隊活動によって何かの目的を達成したり何かの安全を確保したりする事務のことを、実務上〈**実施**《ジッシ》〉と呼ぶことがあります。要は、機動隊等の部隊活動が〈実施《ジッシ》〉です。詳細な議論を措《お》けば、警備運用部は〈実施《ジッシ》〉をつかさどる部局《セクション》です。

そのうち特に、治安警備実施（例えばデモ隊とのガチバトル）、災害警備実施（例えば被災者の救出救助・行方不明者の捜索・避難誘導活動）、雑踏警備実施（例えば祭事《さいじ》・興行《こうぎょう》・イベント・ゲリラライヴ・ゲリラ蝟集《いしゅう》における雑踏事故防止）は——警衛警護の重要性は当然の大前提として——機動隊等が戦力を投入する有事における警備実施の三大ジャンル／三大カンバン／三本柱でして、成程《なるほど》これらは〈公安警察〉のα＋β、取締り＋情報の片手間でできる仕事ではありません。一般論としては、仕事の性質がまるで違います。実務上、α＋βを含まない〈実施《ジッシ》〉なる概念が頻用《ひんよう》されていることには理由があります。

ところが……

またもや実務上の話ですが、慣例・俗語として、この〈実施《ジッシ》〉のことを〈警備《ケイビ》〉と呼んでしまうことがあるのです。元々が警備実施のことですから仕方ありませんが……まして説明をする私にとって恐ろしいことに、そればかりか、

①この〈実施《ジッシ》〉のことを〈警備警察〉と呼んでしまうこともあれば
（警備警察＝実施《ジッシ》、という用法）

②〈実施《ジッシ》〉＋〈公安警察〉のことを〈警備警察〉と呼んでしまうこともある
（警備警察＝〈α＋β＋A＋B＋C〉、という用法）

のです……要は話し手によって、それぞれの言葉の使い方がまるで違うことが多々あるの

です。

さすがに〈実施《ジッシ》〉＝〈公安警察α＋β〉なる考え方には出会ったことがありませんが（全然違う仕事ですよね）、とりわけ〈警備警察〉なる用語については、縷々《るる》述べてきたようなオフィシャルな正解が――法令上の警備警察＝実務上の公安警察――採用されないことが多々あります。これは〈警備警察〉〈公安警察〉を論じる上で致命的なバグになります。

ただこれは慣例・俗語の話、要は文化の話ですので、それを詳しく掘り下げることに意味はありません。所謂《いわゆる》キメルハナシです。よって本書では、これまでの概念を次のように整理し、決めてしまいます（【図-2】参照）。

Ⅰ　正解は飽くまで**〈警備警察＝公安警察＝α＋β〉**である

Ⅱ　ただし、広義《こうぎ》の警備警察という概念を認める

Ⅲ　広義の警備警察に対し、Ⅰの警備警察を、狭義《きょうぎ》の警備警察と考える

Ⅳ　**広義の警備警察**は、**〈α＋β＋A＋B＋C〉**＝〈狭義の警備警察＋実施《ジッシ》〉である

Ⅴ　基本的に、裸で〈警備警察〉という語を用いたとき、それはⅠの意である（広義の警備警察は基本、この本では用いない）

【図-2】警備警察とは

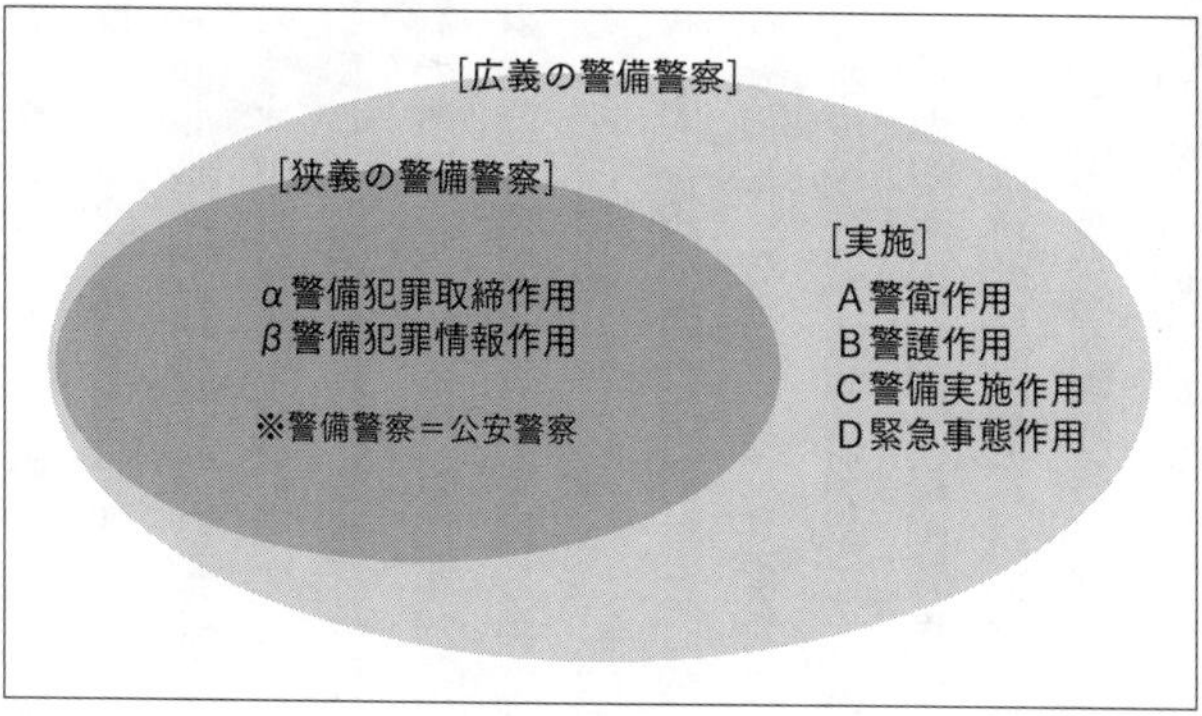

……要は例えば、警察庁警備局全体を指して〈警備警察〉という慣例もあれば（ⅡⅣ）、警察庁警備局の公安警察担当部局を指して〈警備警察〉という正解もありますが（ⅠⅢ）、本書のテーマから、後者を優先すると決めます。いささか法律屋の頭の体操めいたことに多言《たげん》を費やしてしまいましたが……ただ伊達や酔狂《すいきょう》でやってはいません。というのも、〈実施《ジッシ》〉と〈公安警察〉は異なる事務・異なる機能ながら、広義の警備警察においては、両者の密接・機能的・機動的な協働・連携が不可欠だからです。それはまた詳論《しょうろん》します。

とまれ、警察庁警備運用部は右の整理によっても、どのみち〈警備警察〉＝〈公安警察〉ではありません。なら、残るは警備局本体の二課と警備局外事情報部の二課です（【図-1】参照）。

どのセクションが〈公安警察〉かを知るには

既にこれまでペラペラ喋っているように、どのセクションが〈公安警察〉なのかは秘密でも隠し事でも何でもありません。法令で定まっていることですから、法令を読めば全て解ります。フルオープンです（当然のことですが、法令が秘されることはあり得ません）。

ここで、我が国警察は警察庁の「局」「部」の事務を法律で定めていますが、例えば警備局の事務を定める警察法第24条を読んでも、ザクッとしたことしか解りません。無論、これは意地悪でボカしているのではなく、詳細を法律でなく政令で定めているからです。そしてその詳細というのは、「局」「部」に置かれる「課」の事務です。

我が国行政機関の一般論として、行政の事務は基本的に「課」を単位として定められ／割り振られ／分担され、基本的に「課」を単位として執《と》り行われてゆくため、警察の事務の詳細を知るための情報も、だからどのセクションが〈公安警察〉かを知るための情報も、それぞれの「課」に割り振られている仕事をザッと見るだけで、直ちに得られます。

そして本章の検討において、以降注目すべき警備局の「課」は、①警備企画課、②公安課、③外事課、④国際テロリズム対策課の4セクションゆえ、これら4セクションの事務を知るというのが次の課題になりますが——いちばん解りやすい奴を片付けましょう。

それは常識的に考えて、警備局本体に置かれている〈**公安課**〉です（【図‐1参照】）。何故と言って、名が体《たい》を表していますから。自白していますから……

したがって、警察庁警備局〈公安課〉の事務を見てみましょう。見るべきは「警察庁組織令」なる政令です。法令検索数秒で出てきます。そして見出しから、ターゲットはその第38条だと分かります——

（公安課）
第三十八条　公安課においては、次の事務をつかさどる。
一　警備情報の収集及び整理その他警備情報に関すること（警備企画課及び外事情報部の所掌に属するものを除く。）。
二　次に掲げる犯罪その他警備犯罪の取締りに関すること（警備企画課及び外事情報部の所掌に属するものを除く。）。
イ　刑法（明治四十年法律第四十五号）第二編第二章及び第三章に規定する犯罪
ロ　破壊活動防止法（昭和二十七年法律第二百四十号）に規定する犯罪
ハ　日本国とアメリカ合衆国との間の相互協力及び安全保障条約第六条に基づく

施設及び区域並びに日本国における合衆国軍隊の地位に関する協定の実施に伴う刑事特別法（昭和二十七年法律第百三十八号）第六条及び第七条に規定する犯罪

二　日米相互防衛援助協定等に伴う秘密保護法（昭和二十九年法律第百六十六号）に規定する犯罪

三　（略）

私は今は平々凡々な一般市民ゆえ、改めて右を見ますと、なんというか、厳《いか》めしく怪しいですね。〈警備情報〉とか〈警備犯罪〉とか〈破壊活動防止法〉とか〈秘密保護法〉とか……ちなみに右の第2号イに規定する「刑法第二編第二章及び第三章に規定する犯罪」というのは要は「内乱に関する罪」と「外患《がいかん》に関する罪」です。これまたおどろおどろしいですね……いえそもそも〈外事〉なる用語も隠微《いんび》で艶《なま》めかしいです。

ただしかし。

私達はもう**〈公安〉**なる用語の意味、**〈公安警察〉**なる用語の意味、まして**〈警備犯罪〉**なる用語の意味も知っています。例えば〈公安警察〉＝先のα＋β＝警備犯罪の取締りに関する事務＋警備犯罪に関する情報に関する事務、だということを知っています。

するとーー

ここで、右の条文の第1号と、第2号の柱《はしら》書《が》きを見てください。すなわち、

警備情報の収集及び整理その他警備情報に関すること（第1号）

次に掲げる犯罪その他警備犯罪の取締りに関すること（第2号柱書き）

なる箇所です。

これを御覧《ごらん》になって、「あ」と思われた方はいませんか？

――そうです。これはまさに今《いま》し方《がた》も繰り返した、αとβなのです。まして、等式からして〈公安警察〉の中身なのです。**情報と取締り**。**これが〈公安警察〉の仕事で特徴だと**いうことは執拗《しつよう》に述べてきました。そしていよいよ「課」レベルで確認をすると、αとβの内容が更に詳しく判明します。新しく判明するのは次の事項です。

A　これまでβ＝警備犯罪に関する情報に関する事務、とされていたものは、具体的には、「警備情報」の収集・整理その他の事務であること

B　警備情報の「収集及び整理」は例示であって、警備情報に関する事務はこれらに限定されないこと（その他、があるので）

C　「警備情報」なる用語は初出だが、今までの議論からしてそれは「警備犯罪に関する情報」であると解釈できること（91頁Ⅲ及びβ参照）

D　これまで「警備犯罪」（＝国の公安に係る犯罪＋国の利益に係る犯罪＋社会運動に伴う犯罪。91頁参照）とされていたものの具体例が示されていること（αの明確化）

E　「警備犯罪」の内容もまた、例示である第2号イロハニに限定されないこと（その他、があるので）

F　「警備情報」も「警備犯罪」も犯罪の取締りを大前提とした用語であること（仕事の対象は犯罪＝行為であって、まさか思想ではないこと）

――議論がここに至り、私達は「開け胡麻《ゴマ》」「魔法の鍵」を手に入れました。すなわち、

X　**警備情報に関する事務**

Y　**警備犯罪の取締りに関する事務**

このX＋Yの事務をつかさどっている課こそ、部局《セクション》としての〈公安警察〉だと解りました。このXYは実に重要な概念でして、部局《セクション》としての〈公安警察〉のみならず、その機能・実務についても様々なことを雄弁に物語ってくれるのですが――今は取り敢えずセク

ションの識別・分別を終えてしまいましょう。

警備局の〈公安課〉が公安警察の部局《セクション》であることは今や自明ですが、ならば残る３課はどうか？　既にＸ＋Ｙなる開け胡麻《ゴマ》、魔法の鍵があるのですから、やはり警察庁組織令を検索して、残る３課の事務を読み、そこにＸＹの文字列があるかどうかをチェックするだけで事は足ります。これは単純作業ゆえ検討を素っ飛ばせば、結論は

警備企画課は〈公安警察〉の部局《セクション》である（警察庁組織令第37条第６号・第７号）
外事課は〈公安警察〉の部局《セクション》である（同第39条第２号・第３号）
国際テロリズム対策課は、〈公安警察〉の部局《セクション》である（同第40条）

となります。よって検討結果をまとめれば、「どのセクションが〈公安警察〉か？」なる問いへの答えは、国の警察＝警察庁についていえば、

【警察庁警備局本体】
警備企画課、公安課
【警察庁警備局外事情報部】
外事課、国際テロリズム対策課

が〈公安警察〉の部局《セクション》である――となります。ここで併《あわ》せて付言《ふげん》しておけば、これら４

課の課長がそれぞれの分野についての〈公安警察〉の司令官となり（警視長）、その上位者の警備局長がこの分野の最高司令官となります（警視監。なお外事分野についてはその役割を外事情報部長・警視監が分かちます）。

お詳しい読者の方にとっては既知《きち》の事実でしょうが……

しかし私がくどくどしく御説明を重ねてきたのは要は、根拠と事実をお示ししたかったからです。ファクトでお話をしたかったからです。

もっと言えば、〈公安警察＝警備警察〉の組織・仕事は、法令というキチンとした＋明確な＋公然たるルールによって、市民の誰にでも分かるかたちで規定・制約されていて、だからその組織・仕事は、超法規的で陰湿なスパイ活劇でもなければ、非人道的で抑圧的な陰謀・謀略でもない――と申し上げたかったのです。

無論、これまで検討してきたのはいわば組織関係法令で、権限関係法令については何も見てはいませんし、そもそも法令がどう規定していようと、それが無視されるリスクは常に存在します。しかしながら、本書がこれまで／これからお示しする根拠と事実を踏まえることなくして、「非公然のスパイ組織」「国の謀略機関」「秘密警察」「特高《とっこう》の末裔《まつえい》」等々の神話・怪談話が語られるとすれば、それは、その……まあ、御伽噺《おとぎばなし》であるとの謗《そし》りを免《まぬか》れないでしょう。非難や批判をするにも、根拠と事実が必要でしょう。私は本書を通じて、そのような考えで物事を御説明しています。

では警察庁の〈公安警察〉セクションに続き、次は都道府県警察のそれを概観してゆきましょう。

国の公安警察と都道府県の公安警察——前提

都道府県警察の〈公安警察〉を論ずる前に、我が国警察の「分業」の大前提を述べます。

それは要は、「警察の執行事務《しっこうじむ》＝具体的な犯罪捜査、交通取締り、防犯活動、災害対策等々は大原則として都道府県警察が行う」「都道府県警察は独立した機関として自らの判断と責任で警察活動をする」というルールです。言い換えれば、都道府県警察はまさに各都道府県の機関であって、警察庁の出先機関ではありません。本社支社・本店支店の関係にはないのです。都道府県警察の警察本部長が重責を担う要職であるゆえんです。大原則として、具体的な警察活動の責任を全て自分自身で負うわけですから。近時、これに関しやるせなく悲しい事案もありました。

とまれ、具体的な警察活動は都道府県警察に委《ゆだ》ねられているとなると、なら「警察庁」なる国の省庁はいったい何をするのか、が疑問として浮かんできます。

　このあたりは警察の憲法ともいえる警察法が——既に幾度も見ました——複雑精緻《せいち》なシステムを構築していますが、結論から言えば、国の警察庁は都道府県警察の調整機関であるほか、国家的事案・国家的事件・国家が責任を負うべきと定められた事柄《ことがら》等々について、直接の指揮監督を（命令を）行う機関でもあります。

　言い換えれば、①法律によって具体的に規定された一定の事務については都道府県警察を指揮監督でき、②そうでない事務については指導・助言・調整・基準の策定等々を行うのが警察庁です（近時重要な法改正があり、第二次世界大戦後初めて「警察庁自身が直接具体的な警察活動を行う」一定のジャンルと権限が定められましたが、そしてそれはコペルニクス的転換なのですが、紙幅《しふく》の都合からその旨《むね》を御紹介するにとどめます）。また警察庁は、③国家的事案・国家的事件・国家が責任を負うべきと定められた事柄《ことがら》等々について、いわゆる国《コク》費《ヒ》として都道府県警察の経費を自ら直接支払ったり（国庫支弁《コッコシベン》。まるごと国が負担する）、④そうでなくとも都道府県警察に補助金を出したりします。

　右は我が国警察全体に適用されるシステムゆえ、無論〈公安警察〉にも適用されます。

【図－3】警視庁の組織

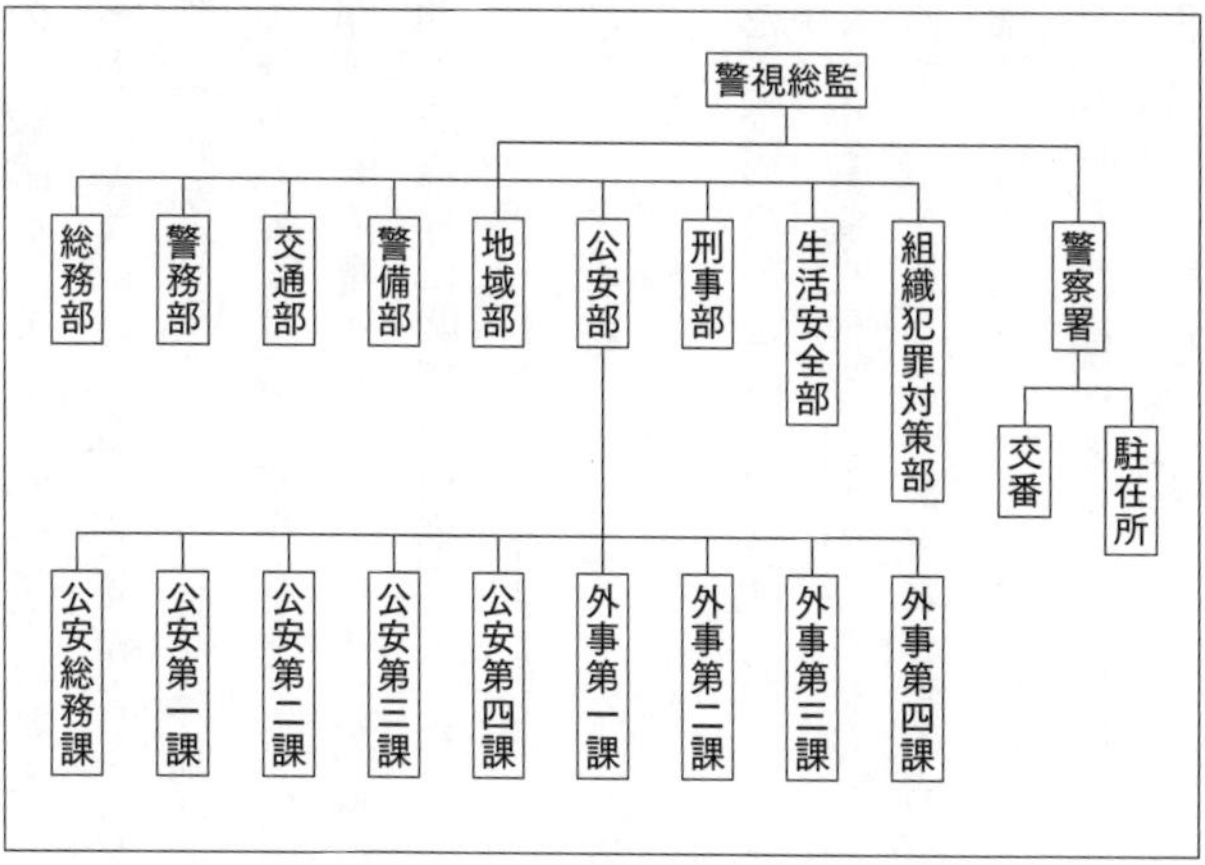

いえむしろ実態論としては、警察の他のセクションと比べ、〈公安警察〉には右のシステムがより強く働くのですが――それについてはすぐ再論します。

都道府県の〈公安警察〉――警視庁

【図－3】は、都道府県警察（都道府県の警察≠国の警察）であるところの**警視庁**の組織図です。【図－1】の警察庁（国の警察）には「局」「部」が置かれていましたが――まさに警察庁警備局、警察庁警備局外事情報部、など――都道府県警察には「局」は置かれず「部」が置かれます。言い換えれば、都道府県警察においては、事務の一定のまとまりを「部」が受け持ちます。無論、我が国行政機関の一般論として、行政の事務は基本的に「課」を単位として定められ／割り振られ／分担され、基本的に「課」を単位として執《と》り行われますので、都道府県警察の「部」には「課」が置かれます。この「課」に割り振られている仕事をザッと見るだけで、**どのセクションが〈公安警察〉**かを知ることができるのも、国の警察の場合と同様です。そのための開け胡麻《ゴマ》・魔法の鍵が１０４頁記載のＸＹ、すなわち「**警備情報に関する事務**」「**警備犯罪の取締りに関する事務**」でした。

よってまず、警視庁（≒東京都警察）の「部」に着目すると――

解りやすく有難いことに、もろ〈公安部〉なるセクションがあります。自白があります。

ただ念《ねん》の為《ため》、この〈公安部〉がどんな事務を担当しているのか確認すると……成程《なるほど》確かに「警備警察に伴う犯罪の捜査検挙に関すること」「外事警察に関すること」なる２つの事務をつかさどっています（「警視庁の設置に関する条例」第９条）。また念《ねん》の為《ため》、この〈公安部〉の近くに書かれている〈警備部〉がどんな事務を担当しているのか調べると……「警衛《けいえい》及び警護に関すること」「警備実施に関すること」「機動隊に関すること」「災害情報に関すること」「緊急事態に対処するための計画及びその実施に関すること」「警察用航空機の運用に関すること」なる6つの事務をつかさどっているのが解ります（同第8条）。

こうなると、いささかの用語の違いが見受けられるとはいえ――実態論を言うと地方自治のあらわれとして都道府県警察の条例なり組織作りなりはそれぞれかなり自由闊達《かったつ》です――〈公安部〉が先のＸＹを担当し、〈警備部〉が先のＡ～Ｃすなわち実施《ジッシ》を担当しているのだと見当が付きます。要は、〈公安部〉が公安警察のセクションであり〈警備部〉が実施《ジッシ》のセクションである、と見当が付きます。

　駄目押しとして、〈公安部〉の各課の事務を見てみましょう。警視庁公安部には9もの課が置かれています（【図-３】、警視庁組織規則第2条）。さすがは我が国警察ファミリーの長兄《ちょうけい》ですね。ここで、国の警察である警察庁が〈公安警察〉担当課を4しか持たないことをチラッと思い出してみてください。こんなことからも、国は大原則として直接警察活動を行わず、それは都道府県警察が自らの責任と権限で行うという分業ルールが実感できます。そもそも、警視庁は全体で約４万６５００人もの警察職員を擁《よう》する巨大組織で――うち警察官のみを数え上げても約４万３５００人――東京都のおまわりさんだけで街ができてしまうほどの規模。よってその〈公安警察〉担当セクションが9もの課をしたがえているのは、まさか見栄《みえ》や傲慢《ごうまん》や特権ゆえではありません。首都警察としてまことお仕事が多く、しかも重要なお仕事や特異なお仕事が多いのです。

ともかくも、警視庁公安部に置かれる9課を例によってXYの魔法の鍵で調べてみると、煩瑣《はんさ》なので検討過程を省略すれば、ほぼ全ての課が法令上、魔法の鍵XYの文字列を有していると識別できます。言い換えれば、ほぼ全ての課がX（**警備情報に関する事務**）＋Y（**警備犯罪の取締りに関する事務**）を担当すると明記されています。それを受け持っていないのは公安第四課のみです（警視庁組織規則第28条ないし第34条の3。なおファンタジックな御伽噺《おとぎばなし》を誘発するといけませんのでコメントしておくと、公安第四課は「公安警察に関する資料の収集及び整備に関すること」「公安警察の統計に関すること」を受け持っています）。

警視庁は我が国警察の長兄《ちょうけい》ゆえ、代表選手になっていただき、ここで警視庁においてXYの事務を担当する全ての課をまとめておきましょう。その事務の法令上の根拠と具体的内容も併《あわ》せまとめます。具体的な事務内容までネットの検索数秒で解ってしまうという、まことよい時代になりました。ましてこのような検討をしてみると、法律だの条例だの規則だのが、それと知って読んだならばファンタジックな御伽噺《おとぎばなし》よりも物語性にとむ実におもしろい読み物だというのが実感できます――

【警視庁の〈公安警察〉】　X＝警備犯罪情報、Y＝警備犯罪取締り

公安総務課（警視庁組織規則第28条第5号・第6号）他課のやらないXY担当
公安第一課（同第29条）極左《キヨクサ》の一部のXY担当
公安第二課（同第30条第2号・第3号）極左の一部と労働争議のXY担当
公安第三課（同第31条）右翼のXY担当
外事第一課（同第33条第1号・第2号）外国人のXY担当
外事第二課（同第34条）アジア地域の外国人のXY担当
外事第三課（同第34条の2）北東アジア地域の外国人のXY担当
外事第四課（同第34条の3第1号・第2号）国際テロのXY担当
　公安第四課　XYは担当しないが、公安部各課の仕事の基盤となる仕事担当

巨大組織ゆえ、多くの課を擁《よう》しているほか、その事務の分担が極めて細分化・専門化されていますね。数的にも質的にも、これだけの特異性を有する〈公安警察〉は日本のどこにもありません。小規模県のミニマムな編制だと、1つの課だけで右の全ての事務を担当することになります。

なおここで併《あわ》せ付言《ふげん》しておけば、右の各課の課長がそれぞれの分野の公安警察の指揮官となり（警視又は警視正）、その上位者である警視庁公安部長が公安警察の司令官となりま

す（警視監）。

――右により警視庁の〈公安警察〉担当セクションが解りました。最後にその人的規模について付言《ふげん》します。〈公安警察〉の定員が秘密で不開示情報であり、だから中の人であった私自身……自らの所属《ショゾク》あるいは自らの都道府県以外については……定員を気に懸けたことがない、という旨《むね》は既に述べました（36頁参照）。よって私の雑駁《ざっぱく》な想像とイメージのみ申し上げれば、そもそもおまわりさん全体で約4万3500人もいらっしゃるわけですから、うち〈公安警察〉にもまあ、3000人から4000人ほどはいらっしゃるのではないでしょうか。大嘘だったらスミマセン。ちなみに実施《ジッシ》を担当する警視庁警備部機動隊の定員も秘密で不開示情報でしょうが、大《だい》警視庁の威信に懸けて、右の数字以上の人員を確保しているでしょう。大嘘だったらスミマセン。

都道府県の〈公安警察〉――大規模県

我が国の都道府県警察は実務上、いわゆる大規模県・中規模県・小規模県に分類できます。また法令上、警視庁＋道警察＋府警察（2）＋指定県の県警察（12）＋県警察（31）に分類できます。指定県というのは、いわゆる政令指定都市が存在する県です。

【図-4】県警察(指定県)の組織

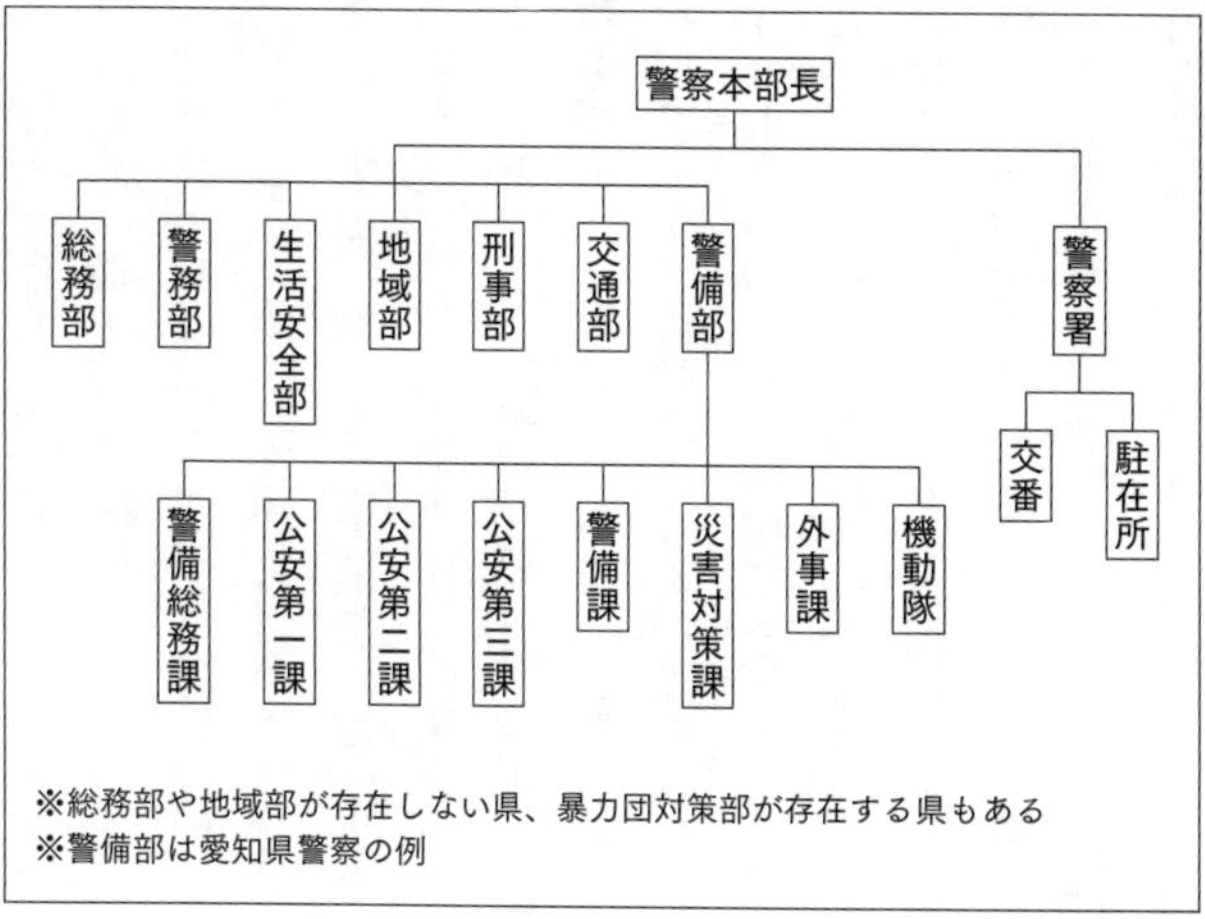

　前節では我が国都道府県警察筆頭《ひっとう》・警視庁を俎上《そじょう》に載《の》せたので、ここでは大規模県＝**指定県**の代表選手を採《と》り上げましょう。なお、都道府県警察相互に法令上の優劣はありませんので、極めて恣意《しい》的《てき》に、私の故郷にある愛知県警察を採り上げることに決めます。

　では【図-4】を御覧《ごらん》ください。その愛知県警察の組織図です。というか、愛知県警察を含む指定県の一般的な組織図です。ここで既述《きじゅつ》のとおり、地方自治のあらわれとして、都道府県警察の組織作りはそれぞれかなり自由闊達《かったつ》ゆえ、例えば総務部がない指定県があったり、地域部がない指定県があったり、さかしまに暴力団対策部を設けている指定県があったりしますが……この愛知県警察の組織は、指定県多数派の標準的な組織です。

さて私達の興味関心をひくのは無論、その〈警備部〉です。また【図-4】から一目《いちもく》瞭然《りょうぜん》ですが、今度の愛知県警察には〈公安部〉がありません。

そこで愛知県警察本部警備部のお仕事を調べると——この部が①「警備警察に関すること」、②「警衛《けいえい》及び警備実施に関すること」、③「機動隊に関すること」、④「災害情報に関すること」、⑤「緊急事態に対処するための計画及びその実施に関すること」の5つの事務をつかさどっているのが分かります（「愛知県警察の組織等に関する条例」第1条）。

そしてもう、私達はこの読み解き方を知っています。

すなわち右の①が**〈警備警察〉＝〈公安警察〉**、右の②③④⑤が**〈実施《ジッシ》〉**でしたね。

これで、i)愛知県警察本部警備部が〈公安警察〉担当部局《セクション》であること、ii)しかし警視庁とは違って〈実施《ジッシ》〉もまた担当する部局《セクション》であることが解りました。これすなわち、警視庁は〈公安警察〉特化型の部局《セクション》を設けているのに、愛知県警察はそうではないということです。他の指定県もそうですし、道警察・府警察またしかり。要するに、〈公安警察〉特化型の部を置いていない方がむしろアタリマエで、警視庁はやはり実態上別格なのです。これはまた、要は道府県警察において〈公安警察〉を担当する部・課を調べたいのなら、それぞれの〈警備部〉に着目すればよいと、こういうことでもあります。

そこで【図‐4】記載の各課について、例によってXYの魔法の鍵で識別をすると、愛知県警察本部警備部では、次の5課が〈公安警察〉担当課だということが分かります（「愛知県警察の組織に関する規則」第56条ないし第59条、第61条。以下単に「愛知組織規則」）。したがいまして、警視庁のとき同様、それら5課を、法令上の根拠と具体的に担当する事務とともにまとめれば――

【愛知県警察の〈公安警察〉】　X＝警備犯罪情報、Y＝警備犯罪取締り

警備総務課（愛知組織規則第56条第1項第3号、第6号及び第8号並びに第3項）
　　サイバーテロのXY、治安警備実施時におけるY担当
公安第一課（同第57条）　他課のやらないXY、カルトのXY担当
公安第二課（同第58条）　右翼のXY担当
公安第三課（同第59条）　極左《キョクサ》のXY担当
外事課（同第61条）　外国人のXY、国際テロのXY担当

のようになります。併《あわ》せ付言《ふげん》すると、右の各課の課長がそれぞれの分野の公安警察の指揮

官（一般に警視）、その上位者である警備部長が公安警察の司令官（警視正）となります。

　ここで再論すれば、地方自治のあらわれとして都道府県警察の組織作りはかなり自由闊達《かったつ》ゆえ、例えばどの課に何をやらせるか、それぞれの課をどのように名付けるか等々についても、都道府県警察間でかなりのバラエティが見られます。

　実際、警視庁と愛知県警察のみを比較しても——課の数の違いはさておき——警視庁では筆頭課《ひっとうか》・庶務担当課は公安総務課なのに、愛知県警察のそれは警備総務課です（愛知の場合はそもそも「警備部」の筆頭課ですし、よって実施《ジッシ》の各課の調整等もするので、当然のネーミングだといえばそれまでですが）。また、例えば両警察ともに同じカンバンを掲げる「公安第一課」について見ても、警視庁のそれは極左《キヨクサ》担当課ですが、愛知県警察のそれはカルト等担当課です。事情は「公安第二課」「公安第三課」についても同様です。要は、カンバンだけチラ見しても仕事の中身はまるで分からない、という特徴があります。

　なお豆知識的に付言《ふげん》すれば、本流というか王道はむしろ愛知県警察のやり方です。というのも、愛知県警察のやり方は実は、警察庁に忠実に倣《なら》ったものだからです。筆頭課・庶務担当課は○○企画課／△△総務課、他課のやらないＸＹとカルトのＸＹは公安第一課、右翼のＸＹは公安第二課、極左《キヨクサ》のＸＹは公安第三課、外国人のＸＹと国際テロのＸＹは外事課……というのは、警察庁のやり方そのものです。

えっ、と疑問に思われた方がおられましょうから急いで説明すれば――私が最末端の新人として廊下鳶《ろうかとんび》をやっていた平成一桁《ひとけた》年代においては、警察庁警備局にはまさに「警備企画課」「公安第一課」「公安第二課」「公安第三課」「外事課」があったのです（あとは「警備課」がありました）。ともあれ往時《おうじ》、右の警備企画課にいた私は廊下鳶《ろうかとんび》として、人を撲《ぼく》殺《さつ》できるほどの書類の紙束を滅多矢鱈《めったやたら》に各課の理事官へお届けしなければならなかったものですから、すぐにストライキに入るコピー機と泣きながら格闘しつつ、「よし一、二、三、備、外できた!!」「一、二、三、備、外……」「一、二、三、備、外終わり!!」と呪文のような独り言を繰り返しては、今は亡《な》き旧人事院ビル＝旧内務省ビルの5階4階を走り回り、今は亡き各課に駆け込んでは怒鳴られ小突《こづ》かれ入室禁止を食らったりしたものです。思えば警察庁警備局もずいぶん様変《さまが》わりしました……閑話休題《かんわきゅうだい》。

いずれにせよ、愛知県警察のやり方が本流で王道で守旧、全国警察を通じそれが多数派で、警視庁がむしろ異様です。ただもう一度警察の地方自治の自由闊達《かったつ》さに触れれば、例えば京都府警察の警備部の筆頭課は「警備第一課」なる名前ですし、兵庫県警察警備部の筆頭課は「公安第一課」です……もう「なんじゃそりゃ?」と言いたくなる自由さですね。

ただ念《ねん》の為《ため》に言えば、①それぞれの都道府県警察にはそれぞれ独自の歴史・伝統・慣習・文化が定着しているため、②それがこうしたやり方の違いを生んでいるだけであって、③わざとネーミングや所掌事務《しょしょうじむ》をバラバラにしたり組み換えたりして可視化《かしか》を妨げ秘匿性《ひとくせい》を高めている、わけではありません。まさかです。組織の作り方は必ず管理部門の厳しい査定《さてい》を受けますし、その管理部門は何も〈公安警察〉を特別視する理由を持たないので――むしろ平然と「10%削減」「5人削減」といったリストラ案を押し付けてきたりします――〈公安警察〉が仮に陰謀趣味満載の組織作りをしようとしても、「アホか」「潰すぞ」と管理部門に一蹴《いっしゅう》されて終わりです。そもそもこの本で縷々《るる》実証しているとおり、全国各県の〈公安警察〉のセクションとその所掌事務《しょしょうじむ》なんて、ネットの検索数秒で誰にでも確認できますしね。隠す意味がありません。

最後に、大規模県＝指定県における〈公安警察〉の人的規模ですが……秘密で不開示、と言いたい所ながら、定員を開示している大規模県がありましたので（ただし法令上の定員で実員ではありません）、当該《とうがい》県における〈公安警察〉担当セクションの人的規模を概算すると――当該《とうがい》県の警察職員の総数の約10%、なる数字が出てきました。若干の注意書きとしては、①これは無論〈実施《ジッシ》〉を担当する例えば機動隊を含まず、また、②警察署の部門別定員までは明らかにされないので、ちょっと計算に工夫をした概数となります。

【図－5】県警察(指定県を除く)の組織

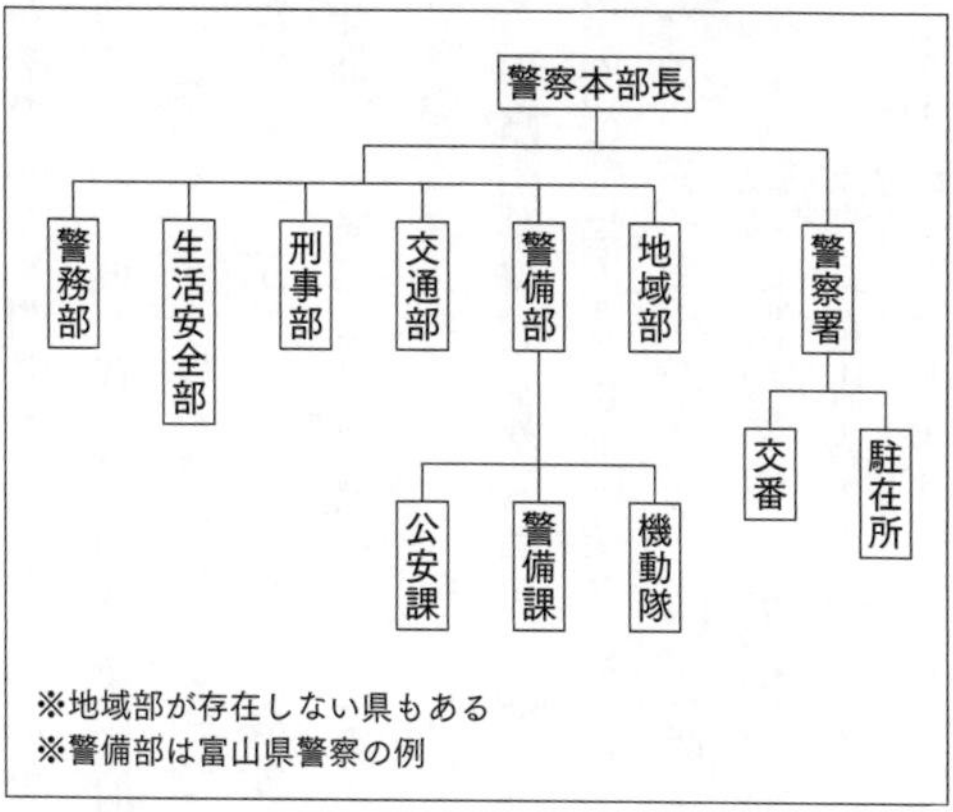

都道府県の〈公安警察〉——小規模県

【図－5】を御覧《ごらん》ください。小規模県の組織図です。代表選手として、ここでは定員約1900人の富山県警察を採り上げます。なお小規模県の警察組織は、①総務部がない、②地域部があったりなかったりする……という特色を持ちますが、それ以外に大きな差異はありません。

また念《ねん》の為《ため》ですが、小規模県、小規模県と一《ひと》口《くち》にいっても、それは実績や実力とはまるで無縁の概念です。例えば、ここで私が富山県警察を採り上げたのは、昔々のその昔、私が某《ぼう》県の公安警察の指揮官を務めていたとき、富山県警察がその筋の名門でライバルだったからです。そんな名門は時代と情勢によって様々に変わりますが、同時代、警視庁・大阪府警察を甚《はなは》だ別格とすれば、京都・愛媛……あときっと石川も……やはりその筋の名門でライバルでした。

さて【図-5】には「警備部」があります。既に愛知県警察について見たとおり、ここが〈公安警察〉担当部局《セクション》になります（裏付けとして、「富山県警察の組織等に関する条例」第3条第7項第1号）。

その富山県警察本部警備部には、公安課、警備課、機動隊の3課があります（「富山県警察の組織に関する規則」第2条）。私達は既にして〈公安警察〉担当セクションの識別方法を知っていますから（XY）、今般は識別結果のみを次にまとめます。

【富山県警察の〈公安警察〉】 X＝**警備犯罪情報**、Y＝**警備犯罪取締り**

公安課（富山県警察の組織に関する規則第3条） あらゆるXY担当

……実にシンプルですね。そしてこれが小規模県の本流で王道です。公安課は**〈公安警察〉**、警備課は**〈実施《ジッシ》〉**、機動隊は**実施《ジッシ》の実働部隊**。それぞれがカンバンに偽りなく機能特化しています。併《あわ》せ付言《ふげん》すれば、公安警察の指揮官にあってもシンプルに1人＝課長・警視。公安警察の司令官は警備部長・警視正となります。

ここで、小規模県についても地方自治の発露《はつろ》を概観しますと――右のような本流・王道以外のやり方として、

①「警備第一課」＋「警備第二課」＋「機動隊」という3課にするスタイル

②富山県警察と同じく「公安課」＋「警備課」＋「機動隊」という3課にしつつ、右翼のXYは警備課に、それ以外のXYは公安課に持たせるスタイル

③組織規模の総体的大きさと情勢・実績から1課ふえて、「公安課」＋「警備課」＋「外事課」＋「機動隊」という4課にするスタイル

があるなど、県警察独自の歴史・伝統・慣習・文化に根差したバリエーションが見受けられます。

最後に例によって、小規模県における〈公安警察〉の人的規模に触れますと――雑駁《ざつぱく》な想像とイメージで申し上げれば、きっと県警察の定員の10%をかなり割る程度ではないかと思います。大嘘だったらスミマセン（例によって、警察署の部門別内訳が出ないので、正確な見積もりが難しいのです）。

警察署の〈公安警察〉——警察本部と警察署の分業

これまで、国の警察＝警察庁、都道府県の警察＝警視庁その他の都道府県警察について、それぞれの〈公安警察〉担当セクションを概観してきました。特に後者について正確に申し上げれば、私達は「都道府県警察の警察本部の公安警察担当セクション」を概観したことになります（なお無論、警視庁というのは東京都の警察本部のことです）。

しかし、都道府県警察の〈公安警察〉担当セクションは、何も警察本部＝都道府県警察の本社のみに置かれているわけではありません。御案内のとおり、都道府県警察は本社たる警察本部と支店たる警察署を持ちますから、入門書たる本書としては、支店たる警察署における〈公安警察〉担当セクションについても検討しなければなりません——そもそも、それが在るのか無いのかから検討を始めなければなりません。

そして結論から申し上げれば、**警察署にも〈公安警察〉担当セクションはあります。**

ここで【図-6】を御覧《ごらん》ください。極々《ごくごく》一般的な警察署の組織図です。これをベースに、警察署の規模に応じて例えば「刑事第二課」があったり「交通第二課」があったりしますが、我が国警察の警察署の基本形は【図-6】です。するとそこに〈警備課〉があるのが分かりますね。そして他に、これまで縷々《るる》述べてきた公安警察の事務を担当していそ

【図-6】警察署の組織（例）

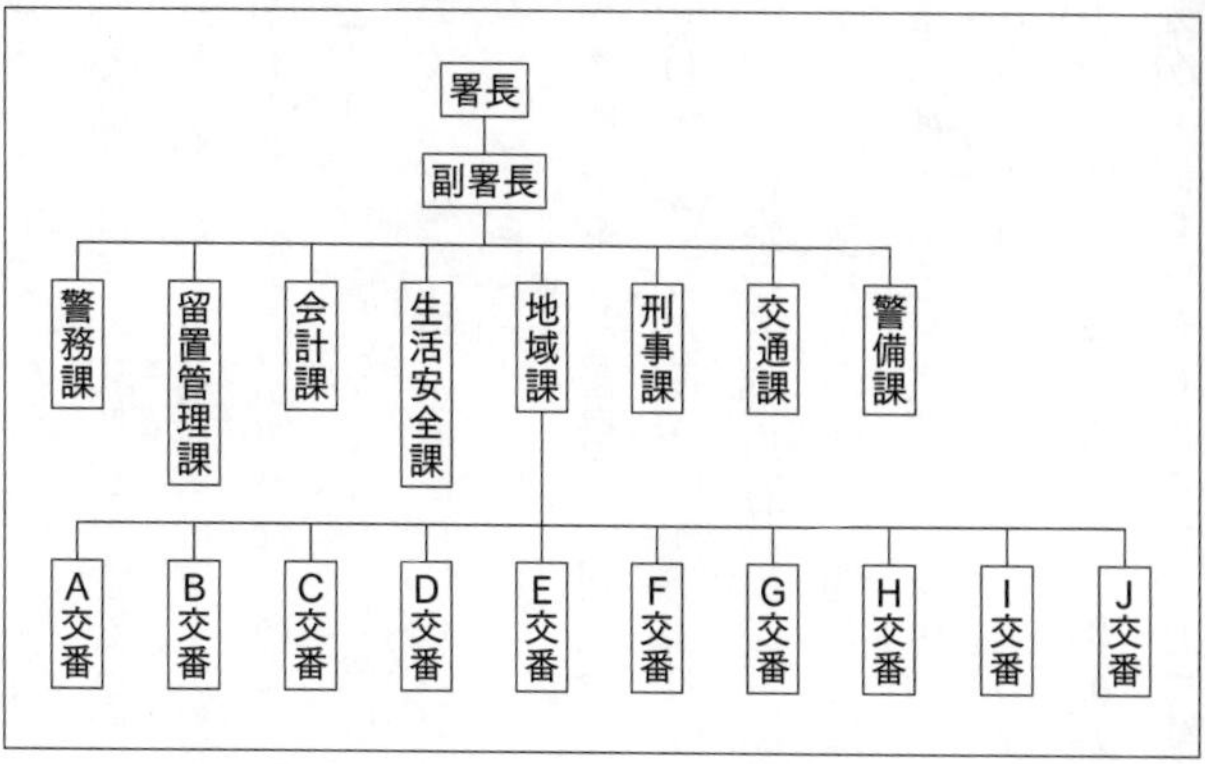

うなセクションは見当たりません。そうした外観どおり、この〈警備課〉が警察署において公安警察の仕事を担当するセクションとなります。といって、支店レベルでは〈公安警察〉と〈実施《ジッシ》〉のそれぞれについて課を設けるほど定員に恵まれてはいませんから、右の警察署警備課は、そのいずれもを受け持ちます（XY＋A～C。103頁以降参照）。

ですので厳密に言えば、警察署の〈公安警察〉とは、警察署警備課でそれを担当することとされた「係」のことを言うこととなります。いえもっと厳密に言えば、それらの「係」とそれを束ねる「警察署警備課長」のことを指し、この警察署警備課長は（警部又は警視）、イメージとして身体の50％が公安警察担当、残り50％が実施《ジッシ》担当ということになります。なおこのイメージは、警察署警備課そのものについてもほぼ妥当し、警察署警備課はその50%が公安警察担当、残り50%が実施担当ということになります（無論そうした割合は、各警察署の置かれた具体的な状況・情勢に応じて様々に変動します。我が国には1149の警察署が置かれていますが――令和4年4月1日現在、令和4年警察白書――この1149の警察署の1149の管轄区域はどこをとっても一つとして同じ性格を有してはいませんので、実施《ジッシ》の仕事がやたら忙しい警察署もあれば、公安警察の仕事がやたら忙しい警察署もあることになります）。

さて警察本部と警察署は同じ会社のなかの本社と支店ですから、警察本部は警察署を指揮監督することができます。より正確には、警察本部長が警察署長を指揮監督できます。この点、警察庁と都道府県警察の関係より話がシンプルです。よって警察署〈警備課〉は、こと公安警察の仕事に関しては、警察本部の指揮監督を受けながら――当然、警察署の全能神である警察署長（支店長）の指揮監督も受けながら――警察署の管轄区域においてそれを実行してゆくこととなります。一般論としては、この指揮系統が錯綜《さくそう》・混乱することはまずありません。この指揮系統のスタイルは、公安警察以外の他の部門、例えば刑事部門と何ら変わりはないからです。

しかしながら……

公安警察は地域・区域・地方の治安というよりは、国家・社会・公共の治安を指向するセクションですから、警察署長が治安責任を負う管轄区域に加え、日本全国のことを考えて活動しなければなりません（例えば古野教なる邪教カルトがあったとして、その名古屋道場はきっと東京道場の指揮監督を受けているのでしょうし、青森県のテロリスト信者と鹿児島県のテロリスト信者が謀議《ぼうぎ》・連携して悪事を為《な》すとして何の不思議もありません）。

すると、身も蓋《ふた》もない言い方をすれば、管轄区域の全能神であり管轄区域でこそ売上の実《じつ》を挙《あ》げたい警察署長とは、必ずしも運営方針の一致を見ない場合も想定されます。

警察署長としては「国家百年の計よりも交通切符切ってこい」「天下国家もいいけど振り込め詐欺の捜本《ソウホン》に人出してくれ」「ハイソなことやってないで職質検挙《ショクシツケンキョ》でもしろよ」「俺の言うことが聴けないなら明日からトイレ掃除専従員な」とでも言いたくなる状況は……ここまで極端であからさまではないにしろ……まあ、あります。そもそも警察署長にとってすら、警備課長を署長室に呼び出してじっくり話を聴かないことには「まるで何やってんのか解んねえな……」となりがちですから。この点、警備課長・警備課員の方《ほう》では全然悪意がないのですが、①なにぶん仕事の専門性・タコツボ性が極めて高い上、②警察本部あるいは警察庁から直々《じきじき》に「これはまだ秘密な」「これはまだ内緒だ」なる箝口令《かんこうれい》が出されることも稀《まれ》ではないため、③警備課長・警備課員としては、「署長に生殺与奪《せいさつよだつ》の権《けん》を握られているのに、そして俺は署長に誠心誠意お仕えしたいのに、これを喋《しゃべ》ったら職業人生が終わるからな……」なる板挟み状態に追い込まれがちです。警察署警備課員が、警察署長の御異動のつど「今度はウチの部門出身の署長が来てくれ」「せめて温厚な署長が来てくれ」と願《がん》を懸《か》けるゆえんです。

なお、この板挟み状態に関連して、世間では例えば「警察署には公安警察の隠し部屋がある」「警察署員でありながら署長の指揮下にない警備課員がいる」「そもそも警察署にまるで出勤せず独自アジトを構える警備課員がいる」等々の言説が見受けられますが……少なくとも令和5年の今現在、それは神話で怪談話と割り切ってよいでしょう。令和5年の警察は、特に各警察署は、そんなロマンチックな運用を許すほど定員に恵まれてはいませんし、そんな運用はどんな温厚な警察署長をも不愉快にさせる越権《えつけん》です（時に激昂《げっこう》する警察署長すらいるでしょう）。といってこの箇所は若干、表現と行間に注意してお読みいただきたい箇所ですが。

今《いま》警察署の定員の話が出ましたので、最後に警察署における〈公安警察〉の人的規模に触れます。といってこれほど一般論に馴染《なじ》まないトピックはありません。そもそも我が国１１４９の警察署は、それぞれの１１４９の管轄区域の特性に応じてまこと多種多様、よって平均を論じるのがとても困難だからです。定員５００人を優に超す大規模署もあれば、定員30人に満たないミニマム署もあります。後者の場合、極論〈公安警察〉担当は１人のみという例もあります。前者であっても、そもそも庶務担当部門や留置部門や交番部門に大きく人を割かれますから（交番部門だけで総数の35～40％ほどは必要です）、雑駁《ざっぱく》な想像・イメージとして、警察署の〈公安警察〉は署員総数の10％すら確保できないでしょう。大嘘だったらスミマセン。

警察本部における〈公安警察〉――専門分野としての切り分け

公安警察の組織に関する議論の最後に、公安警察と警察の他の組織との関係・切り分けについて論じます。なお当然のことですが、〈公安警察〉だからといって警察の他の組織にない権限を行使できたり、警察の他の組織に職制上優位《ゆうい》したりといった「特権」は皆無《かいむ》です。どこまでも警察の他の組織と対等の組織であり、他の組織と横並びの権限を行使できるだけです（もし「特権」があったなら、他部門は一致団結して公安警察を追い出すでしょう――公安調査庁のようになればよいと。警察一家に存在する必要がないと)。

さて警察の専門分野は大原則として「総警務《ソウケイム》」「生活安全」「刑事」「交通」「警備」に大別されます。これは警察庁がまさに「長官官房《かんぼう》」「生活安全局」「刑事局」「交通局」「警備局」を置いているとおりです(なお警察庁には近時「サイバー警察局」が新設されたので、今後この極めて伝統的な切り分けを一部修正する必要がありますが、省略します)。

ともかくも伝統的な切り分けを前提とすれば、警察の各専門分野は、警察の事務を次のように分かち合っています(事務の内容はイメージかつ例示で、網羅的《もうらてき》ではありません)。

【警察の専門分野】

総警務《ソウケイム》……総務、庶務、会計、装備、渉外、広報、情報管理、留置
　　企画、人事、監察、給与厚生、教養《キヨウヨウ》

生活安全……防犯、交番部門、通信指令、保安、少年、生活経済、営業規制
　　特別法犯の取締り(=刑法犯以外の犯罪の取締り)

刑事……捜査一般、鑑識、検視、薬物・銃器、暴力団対策、国際犯罪
　　刑法犯の取締り

交通……交通安全、交通規制、交通安全施設、運転免許

　　　　道交法違反の取締り
警備……既述《きじゅつ》。〈公安警察〉＋〈実施《ジッシ》〉
　　　　警備犯罪の取締り

　これら5分野は、専門分野としては「**専務**《センム》」と総称され、組織としてはそれぞれ「**部門**」と呼ばれます（刑事部門、警備部門など）。したがって、「警備」というのは警備なる専務《センム》でもあれば、広義《こうぎ》の警備警察をつかさどっている部門でもあります（98頁及び【図-2】）。

　よって**公安警察についても**、①これを専務《センム》として見るときは「**警備**」と呼ばれ（ゆえに例えば公安警察の警察官は「警備の専務員《センムイン》」と呼ばれます）、②これを部門としてとらえるときは「**警備部門**」と呼ばれます。このあたりは、Ⅰ公安警察なる用語が実務上の用語であること、Ⅱ慣習上広義の警備警察と狭義《きょうぎ》の警備警察があることからくるズレです。以上を言い換えれば、「公安」は専務《センム》の呼び方としてメジャーではありませんし、また「公安部門」というのは——公安部のある警視庁を除き——部門の呼び方としてメジャーではありません。

　要は、「警備部門」「専務《センム》としての警備」には、それぞれ公安警察が含まれるということです。専門分野なり組織を総称するときは、公安なる語より警備なる語が優先される、それが慣習だということです。

加えてここで注目しておくべきは、警察の事務の切り分け方の基本的考え方です。右の【警察の専門分野】をもう一度御覧《ごらん》ください。総警務《ソウケイム》は管理部門ですのでいったん措《お》き、いわば現業部門である生活安全・刑事・交通・警備の事務を見ると——こと犯罪の捜査については、**「犯罪の種類」で事務を切り分けている**のが分かります。①生活安全は特別法犯を、②刑事は刑法犯を、③交通は道交法違反を、④警備は（だから公安も）警備犯罪を、それぞれ取り締まることとされていますね。このように、警察の犯罪捜査は、事件を「罪のジャンルごと」で切り分けて違うセクションに分担させる——というのを**基本原則**にしています。言い換えれば、対象・人（誰がやったか）には取り敢えず着目していません。

ところが……

では例えば、「邪教カルトたる古野教の信者が、教団のテロとして殺人の罪を犯した」とき、担当する部門はどこになるのでしょうか？　また例えば、「暴力主義的破壊活動を頑張ると綱領《こうりょう》に規定している古野党の活動家が、党の資金獲得活動として無届デリバリーヘルスを営んだ」とき、担当する部門はどこになるのでしょうか？

この問題の本質は、前者にあっては「罪は刑法犯だが、対象はテロリストである」こと、後者にあっては「罪は特別法犯だが、対象はテロリストである」ことです。といって、右の警察の事務の切り分けの大原則からすれば、前者は刑事部門が、後者は生活安全部門がそれぞれ捜査することとなる、はずですが……

しかし直感的にイメージされるとおり、右の例についてはいずれも警備部門が、だから公安警察が捜査をすることになります（もっと市民にとって不可解な例を挙げれば、仮に右の古野党の活動家が運転免許の更新でインチキをやったときも、その捜査を担当するのは交通部門ではなく警備部門となります）。それが伝統にして現状です。言い換えれば、我が国警察は伝統的に／現在、こと「テロリスト等が自らの団体のため罪を犯したとき」は、罪の種類のいかんにかかわらず、その捜査を警備部門（公安警察）に担当させる――という**特殊ルール**を設定していることになります（無論それは法令に根拠を有するルールです。例えば既に見た警察法第24条、警察庁組織令第39条など）。

このことを極めて乱暴に言い換えれば――

詰まる所、警備部門による犯罪捜査は「誰がやった？」「どの団体がやった？」なる対、象論を抜きにしては語れない……ということになります。もっと言えば、①**罪の種類に着目しつつも**、②しかし**罪の主体を重要なファクターととらえている**、ということです。

これは、他の部門のほとんどに存在しない思考パターンで行動原理です。ほとんど、と申し上げたのは、実は警備部門とならんでこの思考パターンと行動原理を採用しているセクションがあるからです。それは組織犯罪対策＝暴力団対策のセクションです。組対《ソタイ》も公安警察とまるで一緒の考え方をします――違うのは、着目する相手方《あいてかた》がテロリストか暴力団員か、です。

このような思考パターンと行動原理は、市民からすれば要は「特定の対象者狙い撃ち」「特定の団体狙い撃ち」「恣意的《しいてき》な弾圧」「憲法上の自由の侵害」ととらえられがちです。そしてここにこそ警備部門が（だから公安警察が）「詰まる所は思想弾圧一直線」「かつての特別高等警察そのもの」等々と忌《い》み嫌われる理由があります。

ならば本書としては、その嫌悪感が根拠あるものなのかそれとも誤解なのか、つぶさに検討してゆく必要があります。よって、「公安警察の機能と実務」を取り扱う第5章において、思考パターンと行動原理を同じくする組対《ソタイ》と比較しながら、公安警察の捜査の実際、情報収集の実際を論じたいと考えます。

――以上、本章では公安警察の組織を概観しました。

第4章 とある公安警察官像のリアリティライン

【とある公安警察官R・Fさん】

所属　警察庁警備局警備企画課の「ゼロ」
階級　警部
年齢　29歳（独身）
経歴　警視庁警察学校（成績は常にトップ）（入校中22歳）
　　　↓首席卒業?・↓警察庁へ推薦?（キャリア／ノンキャリアの別は不明）
部下　警視庁公安部の警部補（直属）
職務　情報の収集（いわゆる潜入捜査の実施による）（いわゆる協力者の運営も）

日本一有名な公安警察官

編集　それでは今度は、具体的な公安警察官像を前提にしながら、公安警察の真実にせまってみましょう。よろしくお願いします。

著者　あ、すごく有名な方ですね。よろしくお願いします。

編集　御存知ですか？

著者　それはもう……といって、直接というか、詳しく存じ上げてはいないのですが。とはいえ、私も公安警察を囓《かじ》った身。警備企画課とか、ましてゼロとか、恐ろしいキーワードが出ているなら、興味を抱かずにはいられません。ただ貧乏暇《ひま》なしで、原典に当たってみたい当たってみたいと思いつつ、普段の仕事にかまけてその機会がありませんでした。

編集　じゃあちょうどよい機会ですね。

著者　まさしく。ありがとうございます。

編集　ちなみに、R・Fさんを御存知になったきっかけは？

著者　読者の方や編集者の方に教えてもらって。というか、その職務・経歴等についてレクチャーを頼まれたりもして。

編集　ちなみにお手元に関連資料を用意してありますが、これは弊社の女性編集者が徹夜でとりまとめたものです。

著者　そういえばR・Fさんって、とりわけ女性の方の、なんというか御興味・御関心を惹起《じやつき》しておられる方なんですよね。確かに、聴き及ぶだけでもカッコいいですもんね。

編集　それではまず、その資料をザッと要約したプロフィールについてですが。どうでしょう。公安警察を経験した、しかも商業作家として、思う所は。

著者 前置きなんですが、御指摘のとおり私はそもそも商業作家なので、要は大嘘つきなので、そのプロフィールもこの関連資料も、なんというか批判的な視点で解析しようとは思いません。フィクションに嘘があるのはアタリマエ、特に私にとっては当然のこと。その嘘に魅力がありさえすれば、フィクションとしては、作家としてはそれだけでいい。だから、フィクションについていわゆる「ファクトチェック」なるものをしても意味がない——出来の悪い、残念な、読者を侮辱する類《たぐい》のものでなければ。そしてこのR・Fさんについて言えば、関連資料を読むだけで、そうですね、経験者として実におもしろいと思います。まさか売《う》らん哉《かな》のカンバン倒れな粗悪品ではない。

だから前置きなんですが、私としては、そう、むしろ「考察」「補完」「拡充」「発展的提案」をしつつ、しかもたのしみながらそれをしつつ、改めて公安警察の細部にせまってみたいと考えます。

編集 楽しそうですね。

著者 誰だって、自分の愛した組織が市民各位に、しかも広範な市民各位に好意的にとらえられているのは、それは嬉しいものです。

編集　なるほど解りました。では改めて、プロフィール全般について。

その職位・階級・身上——超エリートか？

著者　ええと、29歳で警部さんですね。一般的には難しい。近しいところでは、そう28歳で警部補というのが最短ですから。巡査から始めて、巡査部長試験一発合格→警部補試験一発合格、これで28歳警部補。最も若い警部補。

よってR・Fさんは、本籍地である警視庁において——学校が警視庁ですから本籍地は警視庁でしょう——よほどの御実績を挙げて、どこかで「昇任試験以外の特別な昇任」をしていると思われます。もっとも私は、現役警察官の特進《とくしん》事情について詳しくないのですが（周囲に一例も実例がなかった）。

編集　28歳で警部補が最短。なら警部の最短は？

著者　同様の一発合格繰り返しで、33歳。

といって、イメージでよければそれは将来の警視正・役員になることがその時点で確定している超エース、超エリートですが。だから現実の例としては、ないことはないだろうけど、極めて少数で異例ですね。

編集　あっ、ちょっと待ってください。それってノンキャリア警察官の話ですよね。だって例えば、警察キャリアは就職したとき既に警部補。警部補から始めると聴きましたから。

著者　それは確かに。といってこのR・Fさんがノンキャリア警察官であることは、現行の警察制度を前提とすれば絶対に動かないと思いますよ。

関連資料によればそもそも「警視庁に採用」されたそうですし。これは確定的に、都道府県警察の警察官＝ノンキャリアとして採用されたということです。いえそれよりも拝命《はいめい》後、警視庁の警察学校に入校していますから。すなわち都道府県警察ごとの警察学校に入校していますから。これだけで決まりです。警察キャリアが拝命後入校するのは警察大学校です。物理的にお隣にある警視庁の警察学校へは、まあ射撃場を借りに行ったりATMを借りに行ったりしますが、入校はしません。

編集　なるほど。ただ警察には「身分換え」がありますよね。ノンキャリアの警察官が、いわば警察庁にスカウトされて、本籍地を変え、ノンキャリアながらも警察庁警察官として、キャリア同様の仕事をしたりキャリアに匹敵する昇任スピードを許されるアレ……

著者　ああ「身分換え」。いわゆる推薦組《すいせんぐみ》ですね。確かに、都道府県警察のエース級警察官が警察庁にスカウトされ、自分を出身県（出身都道府県）から切り離していよいよ警察庁警察官に――いわゆる準キャリアになる。この場合は、「推薦組」という準キャリアになる。それは確かにあります。近時はレアケースと聴きますが、遠くない昔まではナチュラルでしたし。

ただ制度・実務として、この「身分換え」をするのは警部以上のノンキャリア警察官です。というのも、しみじみする話ですが警察庁のいちばん末端が警部ですから。警部＝警察庁係長＝部下のいない係長ですから。私ももちろん、例えば警備企画課の廊下鳶《ろうかとんび》として最末端を経験しました。これすなわち、理論的には、警察庁には警部未満の警察官はいないんです（警部補・巡査部長がいるときもありますが、極めて例外的。例えば採用されたばかりの旧Ⅱ種のひととか）。

加えて、推薦組のひとは実務・実績が極めて優秀で、将来の警察庁を担ってゆけるひとだからこそスカウトされるわけで。ならばその「実務・実績優秀」の実態は何かというと、特に「警部時代の実務・実績優秀」、なかんずく有名な「警察庁での地獄の3年奉公」での実務・実績優秀」なんです。だから警部に33歳で最短合格したとして、そしてたちまち警察庁へ「地獄の3年奉公」に出されたとして、スカウトの声が掛かるのは36歳あたり。だから年齢的に——先に触れたように階級的にも——29歳の警部さんが推薦組というのは考え難《にく》い。

編集 そうすると、R・Fさんの身分とはいったい……

著者 年齢と階級の問題を別とすれば、①警視庁のノンキャリア警察官が、②「地獄の3年奉公」として、③現に警察庁に出向という名のレンタルをされていて、④今の身分は警察庁警察官である（キャリアでも推薦組でも旧Ⅱ種でもない）。これなら話の筋は通ります。

編集 その「地獄の3年奉公」で、警察庁警備企画課に配置されることはありますか？

著者 それはあります。余裕で……というと変ですが無数に実例がありますから。私自身が警備企画課で、まあ見習い警部をやっていたのは既述《きじゅつ》のとおり。そのとき数多《あまた》の出向警察官さんたちと一緒に仕事をしました。全国警察から来ています。無論、警視庁からも。

閑話《かんわ》として、そのときはキャリアもノンキャリアも警部として同僚・同格。まして、そのノンキャリアって実務の先輩ばかりなので、キャリアは「ガッツリ仕込まれる」「ガンガン鍛えられる」「時に怒鳴られ小突《こづ》かれる」。ところが、そのキャリアがいよいよ都道府県警察に異動した際、かつて鍛えてくれたノンキャリア警察官が、今度は自分の部下になることがある。出向警察官は全国から来ていますから、そのキャリアの赴任地A県に帰ってくるA県警察出身の出向警察官もいることになる。このときは、お互い警察庁の同僚としてあれこれ知り尽くしているので双方「すごくやりにくい」「なんか気恥ずかしい」なんて現象も生じます。

編集　するとこのR・Fさんがノンキャリアだとして、卑屈でないのは自然ですね。

著者　別段ノンキャリア警察官は卑屈ではありませんが、まして警察庁警部になっているというのなら、その権限は事実上大きい。

なるほど、警察庁では警部なんて見習いで廊下《ろうか》鳶《とんび》でコピー係で弁当注文係ですが、でも特に現場の、都道府県警察の警察官からすれば、自県の警部と警察庁警部とでは超絶的な違いを感じるでしょう。というのも、我が国のお役所実務がボトムアップの意思決定を常とする以上、窓口でありゲートキーパーである警察庁警部の機嫌を損ねたら、警察庁への日常の報告連絡相談すらおかしくなりますから。警察電話さえ架け難《にく》くなりますから。

とりわけ警察庁警備局の警部は、警備企画課でもそれ以外でも、現場を指導調整する役割を担っていることが多いので（庶務・企画・法令等々は重要ですが現場を持ってはいない）、現場を指導調整する警察庁警部とくれば、都道府県警察にとってはもう「センセイ」

です。「御指導頂戴いたします」です。

編集　R・Fさんの身分に関連して、大卒警察官／高卒警察官の別は分かりますか？

著者　ええと、それは難しい……というのも、警部補以上になると、最短昇任年齢が大卒でも高卒でも変わらなくなるので。つまり警部補試験の時点で、大卒・短大卒・高卒の昇任試験受験資格がキレイに並ぶ。キレイにそろう。学歴による区別がなくなる。そういう仕掛け。

だから結果、警部補に最短昇任する警察官は、大卒でも短大卒でも高卒でもキレイに28歳でそろう……これが巡査部長以下だったなら、昇任試験の学歴要件（受験資格）からして、最短合格者の学歴が分かる仕掛けなんですが。

ただ、警視庁警察学校入校中に22歳だった、となると……自然に考えて大卒かなあ。

編集　「独身」というのには違和感ありますか？　公安警察的には。

著者　まさか。まず公安警察にかぎらず、29歳の警察官をとりあげて、積極的に結婚を奨励する、ということはないでしょう――お見合い好きな、仲人好きな上司上官がいれば別論ですが。実際、私は40歳独身の部下を持っていましたし、実は私の親族も40歳独身の警察官です。

ただ前者について言えば、前者は公安警察の警察官でしたが、ある程度の結婚奨励はありましたね。まさか無理強いはないですが、「そろそろ身を固めてはどうか」といった感じで。というのも、公安警察の観点からは、「女性」「金銭」の問題に神経を尖《とが》らせないわけにはゆかないからです。公安警察は要はテロ団体等と戦争をする組織ですから、「敵」がいることが大前提。その「手の内」を承知して仕事することも大前提。超具体的にはハニトラ。あるいは、上手《うま》いこと型にはめて不相応な借財を負わせること。無論それらによって籠絡《ろうらく》し誑《たら》すこと、裏切らせること。そうした実態論を踏まえ、そうですね、ある程度の結婚奨励はあります。

編集　R・Fさんについては、警視庁警察学校を首席で卒業したなる未確認情報がありますが、首席卒業という仕組み、そういった制度はありますか？　またそれは公安警察にとって重要な意味を持ちますか？

著者　私は警視庁の警察学校の仕組みに詳しくないので（キャリアは警察大学校）、自分が勤務した府県警察の実務を思い出すと……はい、学校卒業の席次は大事なものでしたね。卒業の席次によって警察本部長や学校長から賞状が出、それは無論、それからの人事上有利に働きます。警察は一般社会の学歴にはまるでこだわりませんが、警察部内《ブナイ》の各級の学校における学歴・成績には異様にこだわりますから。そして「人事上有利に働く」というのは、具体的には今後配置されるポストの質や、私服部門への異動のスムーズさ等々を意味します。

よって公安警察としても、警察内ギルドとして常に組織の新陳代謝を図り、常に優秀な新人＝後継者を確保しなければなりませんから、「学校首席」というのは、新人登用試験を実施する際、ハッと目が引かれる要素ではありますね。

しかしながら、ギルドは飽くまでギルド、職人集団であり技能集団ですから、成績だけで全てが決まるわけではないです。

例えば、公安警察の新人登用試験を「受ける以前の」、誰もが義務的にしなければならない「交番」における実務と実績、あるいは「機動隊・留置管理部門」といった新人のゆきやすいセクションにおける実務と実績、果ては、それらの所属における表彰実績が物を言います。

もっとも、「学校成績が常にトップ」という水準なら、ましてそのような若者が公安警察を志し公安警察の登用試験を受験してくれるというのなら、管理職としてはそれだけで嬉しくなるものです。優秀な新人がいるとなれば、生安・刑事・交通・警備の全部門で、仁義なき争奪戦をしますから。

警察庁警察官と警視庁警察官の組み合わせ？

編集　警察庁警部であるR・Fさんには、直属の部下として警視庁公安部の警部補がいますが、これはアリでしょうか？

著者　……警察の常識では、ちょっと厳しいかも。

　というのも、さっき言いましたが、警察庁警部なかんずく警察庁警備局警備企画課の警部というのは、もし現場活動の指導を担当しているというなら「センセイ」の立場。全国全ての都道府県警察を――無論、出向警部らで適宜分担しつつ――指導調整するセンセイ、時にガチで指揮監督（命令）するセンセイ。要するに、現場における具体的な職務執行をしないセンセイなんです。それも道理です。というのも我が国警察の大々原則として、実施するのは都道府県警察、指導調整・指揮監督するのは警察庁、なる事務の切り分けがありますから。

　何が言いたいかというと、調整機関である警察庁と、実施機関である都道府県警察例えば警視庁とは、事務も組織もミッションも明確に切り分けられていて、だから警察庁警察官の直属の部下が警視庁警察官というのは、なんというか、平時の常識ではあり得ない。これすなわち、「指導調整・指揮監督ができる」ということと、「組織を同じくする」ということは全く別だということです。

――すごくしみじみした話をするなら、「直属の部下」というなら超過勤務の査定もしなくちゃいけないけど、警察庁警察官が警視庁警察官の時間外手当の査定をできるはずもなし。財源も違いますし。もう少しマジメな話をするなら、警察庁警察官が、具体的なオペレーションについて直属部下の警視庁警察官に指導調整・指揮監督をするとして……なら、そののち実施された警察活動の責任は誰がとるのか。警察庁警察官の人事権者・責任者である警察庁長官か、それとも警視庁警察官の人事権者・責任者である警視総監か。どっちにしろ、行政機関の平時の権限行使の在り方としては、ちょっと無理がありますね。

そして実際論として、警察庁庁舎内に都道府県警察勤務の警察官はいません（出張・全国会議等々で立ち寄ったとかは別）。

ここ重要ですが、「都道府県警察の出身者」はいます。これすなわち出向警察官、既に述べた「地獄の3年奉公」に出されたノンキャリアの警察官。日本全国から掻《か》き集められてくるノンキャリアの警察官。ただこの出向警察官は、諸々の都道府県警察からほんとうにたくさん来ていますが、飽くまで「警察庁勤務の警察官」として、「警察庁警察官」の身分を与えられて仕事をします。基本、出身各県の身分を維持したままではありません。

だからもし、①R・Fさんの直属の部下たる警部補さんがいるとして、②かつその本籍地が警視庁であるとするならば……当該部下たる警部補さんが「出向警察官」＝「警察庁警察官」になっているのなら整合性があります。ただこのときの難点は、警察庁には大々原則として、警部補の席もポストもないことですが。

編集　でも公安警察は事実上全国一体だから、警察庁警部と警視庁警部補が組んでオペレーションを実施することもあるのでは？

著者　警察活動の適法性を大前提とすれば、それはないです。

というのも警察庁警察官には、現場における、警察官としての職務執行権限がないので。端的には、職務質問も保護も犯罪の制止も一定の場所への立入りも不可。仮に逮捕状が出ているとして逮捕も不可。事情は捜索差押え・検証についても同じ。何故と言って、警察庁警察官には「管轄区域がない」からです。警察において警察官としての職務執行ができるのは、具体的な「都道府県の区域」という管轄区域を有する都道府県警察の——例えば警視庁の——警察官だけ。だから警視庁警察官にしてみれば、わざわざ警察庁警察官と組んで職務執行をする意味がないです。相手は一般人と同じ権限しかないので。だからこそ、指導調整・指揮監督をする「センセイ」なんです。

——ただこれは現行の警察法等を前提とした、適法性を大前提とした話。

そして私は商業作家ですから、物語上いつも適法性を大前提とした話をする必要はないと、そう思っています。そこは設定と物語がおもしろければ。それがフィクションの強み。

「潜入捜査」「盗聴」「協力者運営」の実態

編集　ならR・Fさんが実施する、「潜入捜査」についてはどうでしょう？

著者　第一に、警察庁警察官には捜査権限がないので、またもや適法性を大前提とするなら、それはそもそも無理です。仮に実施したとして、現場におけるどのような措置も……どのような警察官としての措置もとることができません。なお、警察法にはそれを可能にするからくりもあるのですが（警察法第60条、第60条の2等）、それはいわば有事における特例であって、恒常化してはならないと釘が刺されています。有事の恒常化は、警察の憲法ともいえる警察法の趣旨を没却するものなので。これらを要するに、「警察庁警察官によるオペレーションの実施」というものがなかなか厳しい。
第二に、実に生々しい用語ですが「潜入捜査」。これ当然、いわゆる身分欺騙《みぶんぎへん》（≒架空の人物等になりきる）を伴うものですよね。実名警察官が鳴り物入りで潜入するはずもないから。ただ私の知るかぎり……これ言っていいのかな……少なくとも私が現役だった時代だと、潜入捜査は「禁じ手」として実施されていませんでした。絶対的禁止。よって私も現役時代、そんなものを命じたこともなければ決裁したこともやらせたいと思ったこともないです。

編集　何故、潜入捜査が禁止されているのですか？

著者　重ねて、現在の捜査手法がどうなっているのか、私にはまるで知る術《すべ》がないということを大前提に……私が現役の頃の話をすれば、それは刑訴法等が禁じる「偽計《ぎけい》」となるからです。端的には騙《だま》し。じゃあ何故、偽計なり騙しなりが禁じ手かというと……犯罪捜査とそれによる証拠の収集に悪影響があるからです。
ここでそもそも、公安警察の警察官が実施する情報収集というのはこれすべて「犯罪捜査」です。警備犯罪の捜査。これを言い換えれば、公安警察の警察官が実施する情報収集というのは例えば情報それのみが目的な、いわゆるスパイ活動ではなく、警備犯罪に関する情報を入手するための、「内偵捜査《ないていそうさ》」なんです。要はテロ等の内偵捜査。その目的は事《ジ》件化《ケンカ》、事件として検挙することでテロ団体等に直接的・物理的な打撃を与えること。
とすると、その捜査手法は他の警察部門同様、適法妥当でなければならない。刑訴法その他の捜査手続法のルール、縛りを遵守しなければならない。なおこれは道徳的要請ではありません。そうしないと、せっかく収集した情報＝証拠が、結局は刑事裁判で使えないなどという本末転倒な事態が生じるのです。なら何故、せっかく収集した情報＝証拠が刑事裁判で使えなくなるかといえば、ものすごくシンプルにいえば「違法に収集された証拠には証拠能力がない」からです。違法に収集された証言（情報）には証拠能力がない。そして裁判所はとりわけ、警察による「偽計」「騙し」「欺《あざむ》き」があったとき、このルールを積極的かつ大胆に適用します。要はものすごく怒るし叱るし、当然に警察（検察）を負かせます。これすなわち無罪事件で、警察の完敗。

　このようなわけで、必ず偽計を用いることとなる「潜入捜査」は、公安警察の大目的にそぐわない。だから禁じ手です。

編集　今は潜入捜査の話でしたが、そうすると、違法になること全般が、そもそも……

著者　そうなんです。実は公安警察は、実態論として、違法にわたる捜査を――むろん情報収集を含みます、それは内偵捜査ですから——忌《い》み嫌います。それは結局、事件化を妨げ、刑事裁判での負けにつながり、公安警察の敗北を導くのみならず、「敵」を利し「敵」の反撃や跳梁跋扈《ちょうりょうばっこ》を加速させるからです。果ては市民各位も離反させるからです。違法捜査の果実はあまりに乏しく、その毒はあまりに激甚《げきじん》です。公務員組織として、そんな毒は飲めません。ペイしないので。

編集　でも昔、確か盗聴をやっていましたよね。あれは首都圏のどこだったか……

著者　そのような話があったことは知っています。ただ私の拝命《はいめい》以前の話で、まして警察庁は「やりました」なんて言ってはいないはず。そりゃそうです。やれば違法ですから。そして私は何も、公安警察のやることが全て常に適法であるなんて言ってはいません。

　私が言いたいのは、私自身の実務経験として、私の知る範囲において、そのようなことが行われたことはないしそのようなことを命じたことも命じられたことも提案したことも提案されたこともないということです。私、懲戒処分食らって退職金も召し上げられて妻子とともに路頭に迷うのは嫌でしたから。そしてそのことと、過去に違法な行為があったかも知れないということは、まるで別の話です。一般論として、詐欺をはたらく警察官もいれば強制わいせつをしでかす警察官も、あるいはこともあろうに交番内で不倫の性行為をエンジョイする警察官もいる。報道のとおり実際にいる。ただ、それらのおバカな行為をもって「警察は詐欺集団だ」「刑事はそもそも性犯罪者だ」「交番はラブホテルだ」とは言えないでしょう。こうした意味で、万一仮に違法行為があったとして、それは公安警察の本質でもなければ意志でもありません。重ねて、むしろ公安警察の実務と勝利を思いっきり妨害するものです。

編集　R・Fさんは情報収集、とりわけ「協力者の運営」を行っていますが、それはどうでしょう？

著者　先の一般論どおり、警察庁警察官には現場における職務執行権限が与えられていないので、自ら情報収集、なかんずく、任意に捜査に御協力いただけるボランティアの方《かた》との交際一般は行いません。むしろ既述のとおり、センセイとして、いわば一段高い立場に立って、現場の情報収集を指導調整するのが仕事です。しかし、「協力者の運営」というのもまた生々しい用語ですね……

ああ、ただボランティアの方との交際について言えば、それがいわゆるティータイムの機会、いわゆるランチの機会、いわゆる懇親《こんしん》の機会等に一般的なトークをするというだけなら、何も「情報収集」なるギリギリした言葉を使わなくとも、それは自由でアリです。

①行政機関がその責務の範囲内において、②その責務を達成するため、③誰の権利義務も侵害しない一般的な情報収集を行うのは、何も警察庁のみならず経済産業省、国土交通省、環境省、厚生労働省、都庁、武蔵野市役所……等々の適法な事務ですから。警察庁警察官だから部外者と情報交換ができない、なんておかしな話はありません。

問題は、それが警備情報の収集＝警備犯罪の内偵捜査である場合です。

この点、警察庁警察官には犯罪捜査の権限がないことを再度確認しておくべきでしょう。

「ゼロ」、その真実

編集　たくさんしゃべりましたね。ではそうやって早口で煙に巻こうとしているところ申し訳ないんですが、いよいよ聴きましょう、「ゼロ」とは？

著者　ゼロ……？

編集　またまた。公安警察の全国の作業を統括指揮する秘密組織ですよ。

著者　作業……？

編集　「チヨダ」でも「サクラ」でもいいですが。我が国の秘密警察。警備企画課の秘密の分室。裏理事官《うら》、なる警視正が支配する警察の闇。

著者 えっそんな恐ろしい組織が。我が国の警察に。うらりじ……

編集 マジメにやりましょうよ。

著者 今議論しているのはフィクション、物語ですよね？

編集 要するに「ゼロ」には触れたくないと。

著者 死後の世界とか宇宙の果てとか神の実在とか、私はそういう方面の専門家ではないので。

編集 なら「ゼロ」は神話ですか？　まるで嘘？

著者 そこまでおっしゃるなら申し上げますが、当該「ゼロ」「チヨダ」「サクラ」あるいは全く別の名のセクションが警察庁に存在するとして、それの実施していることが全国警察の――全国公安警察の、でもいいですが――犯罪捜査の指導調整・指揮監督だというのなら、それは秘密警察でも警察の闇でも何でもありません。警察庁がそうした調整権限を有すること、一定の警察事務については指揮監督すらできることは、何を隠すこともない、警察法が真正面から認めていることですから（第16条等）。

それは生安警察でも刑事警察でも交通警察でも変わらないです。具体例としては、刑事局捜査第二課が一定の知能犯捜査（汚職、選挙違反等）について、全国警察の知能犯部門を指導調整・指揮監督しているのとまるで変わりません。更に言うなら、あちらさんのお部屋も厳重に防護されていますが。いや、例えば人事部門だって関係者以外入室厳禁いや発見厳禁の部屋を持っている。これは、数多《あまた》の秘密を取り扱う警察の、まあ手癖ですね。

編集　しかし、いみじくも古野さんが隠しているように、「ゼロ」はその存在自体を徹底的に隠蔽というか秘匿していますよね。あるともないともいわない。

著者　あるともないともいっていないことを前提に、それは「手の内」情報ですから。警察は、公安警察の分野についていえばテロ団体等といった「敵」と戦争をしているわけで。なら戦争をしている相手に聴こえるように「ここが情報収集のセクションだ!!」「ここがオペレーションの調整セクションだ!!」などとはいわないでしょう。私が敵だったなら小躍りしてよろこびますし、いよいよ少なくとも侵入盗を、果ては物理的殲滅《せんめつ》をくわだてますよ。

ましして、例えばネットで検索してみてください。警察署・警察本部のフロアマップだの、警察本部・警察署各課の各係だの、そんな情報は一切合切《いっさいがっさい》秘密になっているのが分かります。理由はシンプル。テロ等の対象になるから。公開してもいいようなオープンな課・室だって、物理的にどこにあって物理的にどんな係があるのかは不開示、秘められている。極《ご》普通《く》の警察署にしてからがそうなんです。だったら、全国警察の機微《きび》にわたる情報を取り扱うセクションが厳重に防護されているとして、そこに何の不思議もないです。

編集　なるほど……やはりゼロはあると。

著者　どうしてそうなるの。

編集　だって古野さんの小説に書いてありました！

著者　しょ、小説はフィクションだから、これすべて嘘だから!!　新書はダメ。ノンフィクションだもの。

編集　ならR・Fさんが所属する架空の「ゼロ」について、関連資料を見ながら。

まず、R・Fさんは偽名を用いて喫茶店でアルバイトをしていますね。これはアリ？

著者　では架空の「ゼロ」について。またもや適法性を大前提とすれば、ナシかなあ……

そもそも警察官には、いえ公務員には法令上「職務専念義務」が課せられていますから。いわゆる職専免《ショクセンメン》——職務専念義務の免除をしてもらわなければ、勤務時間内に飲食店で勤務するのは無理。懲戒処分の対象。

またそれ以上に、公務員のいわゆる副業・兼業については公務員法上禁止されていますから、許可なくして飲食店で、業務として、継続して働くのであればこの禁止に違反し、これまた懲戒処分の対象。

あとしみじみしたことを言えば、最近は特に国家公務員倫理法の運用が厳格化されていて、いわゆる副業・兼業のチェックってすごく厳しいんですよ、まぁ国民からすれば良いことですが。だから今の警察官って、警察関係雑誌に寄稿して原稿料をもらうことすら拒否感を憶えて躊躇する、いや端《はな》から断るくらい。まして、喫茶店での公然たるバイトとなると……

編集　例えば「ゼロ」がそれを認めて、ショクセンメンなり副業の許可なりを出していたとすれば。

著者　職専免は、公務じゃないけど有給をとらせるにはしのびない、そんな公的な行事等について出るんであって、飲食店でのバイトについては……それってバレたとき絶対、警察不祥事としてメディアにガンガン叩かれるでしょう。これすなわち、「敵」も居丈高《いたけだか》になって反警察キャンペーンを、いえ反公安警察キャンペーンを開始すること必定《ひつじょう》。だから、もし私がその架空の「ゼロ」の架空の裏理事官だったなら、恐くて命令も決裁もできないですね。

あと、いわゆる副業・兼業の許可については……ほとんど実例がないので確たることは言えませんが……職務専念義務の免除とはまた違った切り口なので、これについては出せるとも出せないともいえない。どっちもアリ。

ただ、「そもそも公安警察の警察官を勤務時間内に公然と特定の飲食店でバイトさせるか？」というと、たとえオペレーション上の必要性が（どのような理由かはともかく）認められるとしても、それはあまりにリスクが大きいのではないかと。例えば、R・Fさんが「事件担当の警察官です」「警備実施担当の警察官です」というのなら、まあ顔が割れても極端に致命的ではありませんが、しかし、もろ情報収集＝内偵捜査の警察官が白昼堂々顔をさらし続けるというのは……たとえ身分欺騙《みぶんぎへん》していたとしても、今後の公安警察の警察官としてのオペレーション遂行に、いささかならず支障が生じるのではないかと。公安警察の警察官にとって、「没個性」「匿名」そしてある種の「非公然性」というのは本質的な要請ですから。

なお実態論としては、むろん架空の実態論としては――要はリアリティラインの問題です――警察庁で全国警察のオペレーションを指導調整・指揮監督する職にあるのなら、ひっきりなしに警察電話を架けている／架けられているか、ひっきりなしに決裁で駆け回っているか、ひっきりなしに全国出張をしているか、です。要は、警察官僚としての職務がひたすらいそがしい（警察庁の警察官はその階級にかかわらず役人仕事をするのが本務です）。よって職専免だのいわゆる副業の許可だの以前に、警察関係施設の外で長時間の活動をするというのは無理でしょう。架空の裏理事官だってそんなことは認めないでしょう。

編集　R・Fさんについては、大勢の部下に指示を出している様子も見受けられますが、これはどうでしょう。特に、階級や年齢の在り方とからめて。

著者　R・Fさんが警視庁その他の都道府県警察の警察官であれば、何の不思議もありません。警察では警部からが管理職、しかも、なんというか末端の……違うな、ともかく最初の管理職ですから。そうした管理職として、①班・チームを統括する一方、②自らも積極的に現場指揮をとっていると考えて、何の不思議もありません。特に「情報収集を担当する」というのなら、そりゃもう現場を踏んでナンボの世界ですから。加うるに、年齢の問題については既に検討したように、何らかの超抜群の功績により特進があったと考えれば、無茶苦茶異例ではありますが、制度上ムリとは断言できません。

ただネックになるのはやはり「警察庁警察官」だという点で……これも既述ですが、警部というのは警察庁換算だと係長、しかも係員のいない係長、だから警察庁のいちばんの末端なので。だから制度上、警察庁警部に部下はいません。

編集 裏理事官の特命で、特殊な任務を与えられ、特殊なチーム編成を許されたとすれば……？

著者 そのときはR・Fさんの官僚仕事を、いよいよ裏理事官さん御自身が回収して手掛けなければ仕事が回らなくなるでしょう。同僚は同僚でそれぞれの仕事がありますしね。なら理事官（警視正）の手前、警部であるR・Fさんがそのような特命を拒否すると思います。

警察庁の理事官って、これはホンモノ理事官について語りますが、かなりエライので。いえ、そもそも裏理事官さんは指導調整・指揮監督業務の元締《もとじ》めということなのですから、「現場に出てこい」「情報を獲《と》ってこい」なんて特命を出す動機がありません。実施はしない。させない。

もっとしみじみしたことを言えば、仮に「警察庁＋警視庁」のオペレーション実施部隊が編成されたとして、じゃあその失敗なり不祥事なりの責任は誰がとるんだろう……という話にもなります。警察法の規定に基づく正規のチーム編成でないかぎり（第60条、第61

条の2等）、指揮権の所在も権限行使の主体も不明確です（＝それは警察庁の活動なのか？警視庁の活動なのか？）。そしてヤミ編成の部隊については、警察庁長官も警視総監も責任を負いかねるでしょう。

編集　おさらいなんですが、警察庁警備局と警視庁公安部とはどういう関係にあるんでしょうか？

著者　調整・指揮機関と、実施機関です。管轄としては、主として東京都内における公安警察の事務は全て警視庁公安部が実施します。全て。それを警察庁警備局の担当セクションが調整・指揮するといったかたち。

編集　公安警察は国家警察だから、実態としては一緒、同一だと思っていました。

著者　公安警察の世界においても、調整機関と実施機関の別は厳格に守られます。それが警察庁の責任であり、また警視庁の責任ですから。

ただ公安警察の世界は、その犯罪捜査のほとんどが「警察庁も指揮すべき犯罪捜査」とされますし（警察法第5条、第16条等）、またその犯罪捜査の予算のほとんどが「警察庁が全面的に負担すべき予算」とされますので（同第37条等）、事務の内容についても、事務に要する予算についても、警察庁警備局の統制が及びます。「国家警察」「国家警察」と繰り返し評されるのも、この警察法の枠組みがあるからでしょう。
　しかしやはり、具体的な事務、具体的なオペレーションを実施するのは都道府県警察たる警視庁で、またそれこそが警視庁の誇りです。事実、警視庁さんの「警察庁何するものぞ」といった気概は、もう都道府県警察一《いち》ですね。

編集　昔々、オウム真理教の頃、警察庁警備局と警視庁公安部が派手な内ゲバをした、なる話をとある本で読んだんですが。

著者　ありましたね、確か警視庁公安部が必要な報告をネグって、あとでキレイにバレて警察庁が激怒した、とかいった事案が。

編集　ぶっちゃけ仲が悪いんですか？

著者　仲が悪いのとは違いますね。どう言えばいいのか……
　警察庁は指揮監督権を、警視庁は実施の権限を行使しますから、そりゃヒトの世界の物語一般として、前者は「チッ警視庁、ちっともこっちの言うこと聴きやしない……」と思うこともままあるでしょうし、後者は「何だ警察庁、人のやることに一々茶々入れて揚げ足とって」と思うこともままあるでしょう。まして警視庁は、戦後生まれの警察庁などより実は遥かに年長、先輩ですしね。周知のとおり、日本警察最大の実力部隊でもある。警視庁がなければ日本警察は一日として保《も》ちません。加えて、警視庁の役員すなわち警視監クラスって、多くが警察庁の警察キャリアなんですよね。ここで、同じ警察キャリアなんだから上手くゆくこともあれば、御指摘の事案のように、同じ警察キャリアで違う組織にいるからこそ利害が対立し、時に反目……のような感じになることもある。

閑話《かんわ》ですが、我が国警察では「警視庁は同じポストでも一階級上」なる歴史的ルールがあるので、例えば愛知県警察の係長は警部補ですが、警視庁の係長って警部なんです。これって、先に述べたように、実は警察庁係長＝警察庁警部と対等ですよね。こうした点からも、警視庁の独自性と自主性そして誇りがよく解ります。警察庁からすれば、警視庁はまあ、守るべき我が子でありながら自分より年長でガタイもいい奴。そこから様々な物語が生まれるのは道理です。

編集　「ゼロ」に関しては？　「ゼロ」と警視庁公安部の関係はどうなんですか？

著者　もしその「ゼロ」がさっき御指摘・御質問のあったような組織であれば、それは警視庁公安部とて完全に指揮下に入るでしょう。首都東京におけるオペレーションの全国的重要性は語るに及びませんし、まして雄藩《ゆうはん》・横綱である警視庁・大阪府警察は――もちろん警察法上適法なかたちで――事実上の全国捜査・全国展開をしますから。

といって、警視庁には実施機関としての強みがあります。それはまさに「自分自身のみがオペレーションを実施している」ことから、警察庁に「何を、いつ、どのように、どこまで」報告するかの、まあ、裁量があるからです。これはどの都道府県警察についても一緒といえば一緒ですが、しかし例えば警視庁の公安総務課長なんて警視正ですし。これ、警察庁理事官と同階級ですし。ならたぶん、うらりじさんとも同階級ですし。そうなると、まあ、警視庁が手の内を内緒内緒にしようと思えばそれはできる。警察庁の目も、日々の一挙手一投足にまでは及びませんし。ただし、「握る」「隠す」というのは自分で全責任を抱えるということでもありますから、そこに大きなリスクもありますね。

警視庁が警察庁に反旗を翻《ひるがえ》すとすれば、無論、その大きなリスクを覚悟した上でのことでしょう。ただその能力があるのは事実。あとは折々の、警視正、警視長、警視監といったあたりの上級幹部の人間関係によると思います。

編集　具体的に、警視庁公安部の警察官は、警察庁警備局あるいは「ゼロ」をどう見ているんでしょう?

著者　架空の話ですが、階級が下がれば下がるほど強く意識はしないでしょう。あるいは、どちらかといえば警察庁警備局を重んじるでしょう。例えば警部補以下は警察ではプレイヤーですが、プレイヤーの視点からは、上層部のハイソな権力関係は見えにくいし興味もないので。

他方で、階級が上がれば上がるほど、互いの姿が見えるようになるので——具体的な接点も同席もあるいは反目もふえるので（ヒト社会の一般論）、特に警視、警視正、警視長ともなると、警察庁警備局を対等の存在と見るか、あるいは少なくともただの調整機関と見る、そんな傾向が強まるかも知れません。重要なオペレーションであればあるほど、互いの指揮方針・実施方針がコンフリクトを生むようになるでしょうから。

ただ念《ねん》の為《ため》申し上げておけば、警備警察あるいは公安警察の一般論として、警察庁警備局の指導調整・指揮監督は当然の前提ですから、例えば私が府県警察で公安警察の仕事をしていたとき、警察庁警備局に公然とケンカを売るなんてこと、想像の埒外《らちがい》でした。どちらにもメリットがない上、実際警察庁警備局は恐かったですから。どれだけ怒鳴られ、どれだけ呼び出されては3時間コース4時間コースのお説教を受けたことか。毎日毎日、私の所属の運営方針について警察電話でお叱りを受け続けた日々もありました。そういったことは、極々《ごくごく》普通の府県警察に共通する事象で恐怖感だと思います。今申し上げたいのは、雄藩・横綱である警視庁・大阪府警察にはそれがない、別格だ、という組織文化です。

編集　「ゼロ」って、具体的にどんな雰囲気なんですか？

著者　だから知りませんって……私の書いた小説のごとき架空の話、設定の話でよろしければ、極々普通ですよ。市役所でも年金事務所でもいいですが、机の並んだ、机の島が並んだ公務員のオフィス、そうコーヒーメイカーや冷蔵庫やカレンダーがある普通のオフィスを思い描いていただければ、まさにそのようなものでしょう。私はそう設定しますね。

編集　どんな警察官が「ゼロ」の警察官になれるんですか？　いや設定として。

「ゼロ」の警察官——死して屍拾うものなし？

著者　設定として、怪しげな陰謀集団や謀略家を用いる方がセンスに欠けますね。

ここで、警察庁の組織の一般論として、どの課、どの所属もそのほとんどは先の「出向警部」で構成されています。要は、各都道府県警察から集まってきた優秀な出向警察官、3年間の奉公で警察官僚としての実務を体得する出向警察官が警察庁の多数派。それを、課なら課、室なら室で数人のキャリアが——課長、参事官、室長、理事官、課長補佐等々として——率いるのが警察庁のスタンダードです。

この、どの課でも多数派を占める出向警部さんは、各都道府県警察が「我が県の代表!!」として送り込むエースですから、そもそも現場の実務に秀《ひい》で、また人格的にも魅力のある警察官たちです。都道府県警察の将来の役員候補ですからね。それがキャリアの指揮の下、警察庁のほとんどの実務を仕切る。重ねて、警察庁のどの課でもそうなっています。

さて、じゃあ御指摘の「ゼロ」について設定するとき、その警察官なりその関係者なりに何らかの特殊性を持たせるべきかというと——想定できる特殊性なんてほとんどないです。強いて言えば当然、①公安警察の現場実務に秀でた警察官であること、②その実務からして極めて人格円満にして志操堅固《しそうけんご》であること（人格的魅力）、③だから指導すべき都道府県警察の警察官に慕われるひとが多いこと……が特徴というか特殊性でしょうか。というのも、都道府県警察に嫌われたり敬遠されたりしたら仕事になりませんから。

あとは、警備部門一般の特徴として、旧Ⅱ種の幹部や推薦組の幹部が多くなること。言い換えれば、キャリア支配がやや弱いという特殊性。というのも特に警備警察や刑事警察の場合、現場の実務に精通していないと指導調整も指揮監督もへったくれもないので、相対的に旧Ⅱ種や推薦組の活躍がふえるんです。警備部門のスペシャリストとして育成される旧Ⅱ種の警視さん、あるいは、永久出向をして警察庁に転籍した推薦組の警視さんが相対的に多い。まして理事官だって、「理事官」って要は課のナンバー2なんですけど、警備局だと推薦組の警察官がめずらしくありませんでした。そうした意味で、警備局では（あるいは刑事局でも）極めて現場的・現場シフトな人事がなされています。

なお、警察庁の同じ課で出向警部をした警察官同士は、いわば同期として、とても強い絆で結ばれるのが一般です。実際、過労死寸前の超過勤務で「生死をともにして」いますし。他方で私は、人格的に問題があるとして同期にも都道府県警察にも忌み嫌われてしまった公安警察の出向警部も存じ上げていますが……諸々《もろもろ》の後始末に関係したので……

編集　「ゼロ」の警察官が、例えば殉職するようなことは？

著者　設定として、適法な仕事をしているかぎり、ないですね。これは縷々《るる》述べたとおり。警察庁警備局は実施機関ではないから。現場活動をする警察官がいないから。

ただしかし……たとえ実施に関与しないとしても、テロ・ゲリラのターゲットとなる可能性はあります。恐ろしいほどあります（例えば暴力団対策部門と同様）。それは無論、戦争をしているから。「敵」は調整機関だの実施機関だのの別を考慮してはくれないから。

実際、概して第二次世界大戦敗戦後から昭和の終わりまで、警察官、特に警備部門の警察官の命の値段はとても安かった……先輩から諸々の逸話を聴くだけで怒りに震えますが、少なからぬ警察官が、テロ団体等の手によって殺されていった。往時に比し、今は情勢が比較的落ち着いてはいますが、だから警備部門の警察官の殉職なるものはしばらく聴きませんが、例えばオウム真理教による一連の事件の際、何人殺されていてもおかしくはなかった……テロ団体等と対峙し、その内偵捜査をするということはそういうことです。私自身、府県警察で公安警察のお仕事をしていたときは、部下職員の指導を受けて、必要な防衛措置を講じていました。

以上をまとめれば、例えば私のごときキャリアでも、公安警察の警察官には殉職のリスクがあります。それが、警視庁を始めとする都道府県警察の警察官であればなおさらです。また殉職でなくとも、窃盗、盗聴、盗撮といった様々なハラスメントいえ犯罪の被害に遭《あ》う。やっているのは戦争ですから。そしてそうした犯罪のリスクは無論、殉職よりも遥かに大きいです。

編集　公安警察官が、例えば潜入捜査で殉職すると、殉職の事実も、いえ公安警察に所属していたことも秘密にされ、家族にも伝えられないと手元の資料にありますが。

著者　あっホントだ。諸々読むと……いえそもそも、潜入捜査は禁じ手であってまるで実施されない、という点を再度指摘せざるを得ませんが……もっとしみじみした話をすれば、殉職ともなれば人事上様々な手続が必要です（いわゆる賞じゅつ金を出すか出さないか、階級を上げるか上げないか、表彰はどうするか、警察葬を実施するかどうか、あと細かい所では葬儀の出席者をどうするか、弔事連絡をどうするか、後任者の補充はどうするか、それに伴う人事異動はどう組むか等々）。しかも、社長＝警視総監・道府県警察本部長の数多《あまた》の決裁を要する手続が必要。

仮にそうしたお役所的な手続をまるで無視するとしても、まさか同僚が黙ってはいないでしょう。公安警察の警察官であれ交番の警察官であれ、公務によって死に至った同僚に対し、そんな冷厳で非情な措置をとる組織を目の当たりにしたとき、平常心でいられるものかどうか。御指摘のケースを踏まえれば、何の名誉も何のお金も出ないわけで。いえ退職金すら出ないですよね、謎の失踪で請求者自身がいないのですから。いえ警察官の失踪というなら、それはむしろ懲戒処分の対象です。これは積年、ガッチリ通達されている。

そしてたとえ公安警察の警察官であろうが、同期先輩後輩は当然いる。たくさんの部門にたくさんいる。また警察官は、警察人生の様々なステージで交番勤務をしますから（義務的。警備部門の警察官も）、そのとき仕えた他部門の上司上官もいる。なら、それら同期先輩後輩上司上官らに失踪の事実を知られてしまったとき、いや絶対に知られるでしょうが、そのときは処分の公平性からして、むしろ懲戒処分をしなければならないことになってしまう……潜入捜査の事実は絶対に秘匿する、というのが前提ですから。

いや……私だったら辞めますね、そんなの、命の値段が安すぎるので。

そして実際の所、警察は必ずしも市民から好かれている役所ではないため、警察一家の対外的な団結力にはすさまじいものがあります（対内的には内ゲバ大好きですが）。要はイエ意識・仲間意識が極めて強い。そんな「血と情の濃縮された」警察の、まして人間をいちばん大事にしなければならない公安警察の——情報収集の当然の前提ですよね——身内が、いわば組織によって抹殺・抹消される。いやそれでは組織は保ちません。私いちおう管理職を務めましたが、そんな恐ろしいこと。そのときは私が刺されます。少なくとも職場にはいられません。誰も私の命令を聴かなくなる。そんな非道を許す所属長に仕える部下なんて警察にひとりもいません。警察は、警察に仇《あだ》なす者を絶対に許さない。たとえそれが身内でも、上司上官でも公安警察でも。「死に水をとる」「名誉を守る」「遺孤《いこ》を確実に育てる」、それが戦争をする仲間どうしのミニマムの倫理で約束です。だからこそ命が懸けられる。命を懸けろと命令ができる。

ともかくも、手続上また組織の性格上、御指摘のような非情なことはあり得ません。

編集　浪花節の組織だと。とりわけ公安警察はそうだと。

生の人間、ふつうの人間として

著者　……私、ある日、府県警察を離れて警察庁に帰ってから、ほんとうに全力投球でお仕事をしてくれた、だから数多《あまた》の表彰をもたらしてくれた、とある警部さんの訃報を聴いたんです、警察電話で。突然の訃報。当時まだ50歳強の方。

よくよく聴けば突然、若年性のアルツハイマーを発症なさって……警視に昇任されたばかりで、いよいよこれから署長に、これから警察本部の課長にというときに……

私もう、その電話口で、その警部さんの顔や言葉を思い出して。新米管理職の私に手取り足取り情報実務を教えてくれたことや、警察庁の鼻を明かしてやるにはどうすればいいかコッソリとレクチャーしてくれたことや、あるいは酒席やカラオケやゴルフでの、そう、まるで息子を教え諭すようなたくさんの人生訓……もういろんなことがごっちゃになって。あんなに自然に無意識に涙が溢れてきたことは人生でそんなにない。わずか2年のつきあいです。意図して会わなければもう二度と接点がない。少なくとも職場を同じくすることは二度とない。それでも突然の滂沱《ぼうだ》、滂沱、滂沱がとまらない。私はひょっとして病気に気付けたんじゃないか。私は彼に対してどんな上司だったのか。私は立派な指揮官だったんだろうか。彼は私との2年をどう考えていたのか。あのときあんなことを言わなきゃよかった。あのときあんなことを言ってくれなかったら道を誤っていた。そういえばあの府県警察の警察官でいちばん最初に出会ったのはこのひとだった、わざわざ御自分の警察大学校入校中に、新米管理職の辞令が出たばかりの私に、値踏みがてらの挨拶に来てくれたんだった。そのときのこと、着任後に仲良くなってから一緒に酒飲み話でよく顧《ふりかえ》った。課長あんなに気取ってましたねとか、今思えば猫かぶってましたねとか、こんなにゴルフが下手とは思いませんでしたとか、冗談を言い合っては一緒に午前様になった。云々《うんぬん》。云々《うんぬん》。そういった、もうそんな無数の思いが、秒単位のあいだに……

残念ながらどうしても日程が合わなくて、御葬儀には出られなくて。ただ往時の女房《にょうぼう》役《やく》警視さんが気を遣ってくれて、往時のメンバーで、その府県で「同窓会」を開いてくれて。往時のメンツの日程調整をしてくれて。だから飛行機に飛び乗って行って。そこでひとしきり、往時の我々を顧《ふりかえ》りつつ、その亡くなった警部さんに献杯をし、口真似などしながら、往時の活躍と人格をしのんだものでした。

すみません、閑話《かんわ》ばかりで。

何が言いたいかというと、警察も公安警察もそういうところ。上手く言えてないのですが、そういうことです。

編集　カツ丼食べるか……？

著者　ナイスジョークで冷静になれました。

編集　そろそろ締めに入って、残り3点。まず、「検察の公安は警察の公安に歯が立たない」「捜査人数やノウハウに雲泥の差がある」「起訴にも公安的配慮が働く」という指摘についてはどう考えますか？

公安警察官と検察庁

著者　戦前や昭和の昔はいざ知らず、地検の公安部というのは——数的にもリストラが進みましたが——そもそも公安警察のようなオペレーションを実施する組織ではないし、その意思もないと思います。やろうと思えばできますしそれは適法ですが、やらない。そのことはおそらく新書のかたちになる、今書いている原稿で詳細に触れました（編集部注・40頁以降参照）。

それをカンタンにまとめれば、体制の問題と役割分担の問題。検察庁には、公安警察が実施するようなオペレーションをやるだけの定員がない。また、警備犯罪の内偵捜査を含む犯罪捜査は、まずもって警察に捜査権がある。いわゆる警察の第一次捜査権。だから一般論として、検察庁がやる捜査は補充的なもの。その検察庁の御霊《ミタマ》は起訴と公判の維持と、あと無論確定有罪判決にある。だから警備犯罪の内偵捜査なんてやらない。まして情報収集というなら、同じ法務省ファミリー内に「公安調査庁」がある。こうした役割分担によって警察も検察も動く。まとめれば、検察庁としては「歯が立たない」というよりも「敢えてやらない」「そんなところで張り合わない」。

他方で、御指摘の「公安的配慮」というのは……実際上、厳しいかなあ。

今述べたとおり、検察庁の御霊《ミタマ》のひとつは起訴。これについては役割分担も何もなく、検事さんの独擅場《どくせんじょう》。検事さんの特権。警察であろうと何だろうと、絶対に侵すことができない検事さんの絶対的権能。だから例えば、ある警備事件を起訴するかどうか、その決定権は検事さんだけにある。無論、どんな都道府県警察でもどんな警察分野でも、イザ事件をやるからには当然、起訴に持ち込むつもりでやる。さもなくば確定有罪判決なんて出るはずもないでしょう？　起訴がなければ公判がないんだから。でもその起訴は検事さんの絶対的権能。いわば検事さんは事件についての査定官。ならパワーバランスは自明です。起訴については「公安警察は検察庁に歯が立たない」いえ「そもそも勝負になっていない」。

だから、例えば公安警察が事件をやりたいと、そして当然起訴に持ち込みたいと考えるときは、令状請求等の前段階で、幅広に、検事さんに事件相談をするのが普通。その検事さんは今述べたとおり査定官なのだから、注文宿題助言指導なんでもあり。極端な場合、「その時期僕は夏休《なつきゆう》だから着手のスケジュール変えて」なる無理無体《むりむたい》もあり。査定官だから。

まして、ようやく注文宿題助言指導等々を全部こなして着手が認められた……まあ着手するのは極論警察の勝手だから「着手について合意した」が正確ですが……そんなときでさえ、検事さんは平然と「まさか、こんな事件で起訴してくれなんて言わないですよね？」「あっ御承知のとおり起訴はしませんよ」と言ってのける。査定官だから。

あとは泣き落とし、土下座。日参して口説く。駄目なら上司を動員する。最終的に、地検の検事正と警察本部長とのトップ会談で決まるというのも全然アリ。まあ検事さんが警備事件の起訴を嫌がるのはまさか嫌がらせじゃなくって、検事さんとしては「こんな微《び》罪《ざい》、起訴できるか」「こんな脆弱《ぜいじゃく》な証拠構造で起訴できるか」「警備警察は捜査力が低いから、うっかり乗っかると痛い目に遭《あ》う」「まさか伝統芸能の転《ころ》び公妨《こうぼう》では？」等々の、公安警察に対する一定の警戒感、ぶっちゃけていえば不信感があり、それはあながち間違いとはいえない。過去、警備警察の捜査力が低下していた時期は確かにあったので。

これすなわち、こと起訴については、公安的配慮も何もないです。むしろ逆です。ちなみに私、とある県警察で勤務していた折、新聞にでかでかと載るような起訴事件を一件、手掛けさせていただきましたが、そのときも検事さんにはたくさん詰められました、私自身が。まして当時、その事件が、全国警備警察その年初《はつ》の起訴事件となりました。これ確か春先の事件だったので、ぶっちゃけタイミングの問題に過ぎなかったのでしょうが。ともかくその年その月まで、全国の警備警察のどこも起訴事件は手掛けていなかった。かくのごとくに、警備事件を起訴してもらうというのは難しいのです。

編集　確かに、公安警察は違法作業がお得意だとの話がありますね。

「作業」「違法作業」？

著者　作業、という言葉も独り歩きしていますね……

実施しているのが例えば証拠のでっち上げ、盗聴、脅迫、騙《だま》し（偽計）等であれば、それは「違法捜査」でしょうね。実際、公安警察が実施する情報収集って、警備犯罪の内偵捜査の一環ですから、端的に捜査といえばよく、私達のような純然たる一般市民がわざわざ『作業』なるテクニカルタームを使う必要はない気もします。

編集　なら「作業」の意味は？

著者　……ええと、大前提として、市民社会にひろく知れ渡ってしまった隠語はたちまち使われなくなると思いますよ。あと仮に「作業」なるテクニカルタームがあったとして、公安警察なる陰謀と謀略の巣窟《そうくつ》が、それを符号化することもなくいわば平文で使いますかね。

編集　あれこれ誤魔化《ごまか》していますけど、どのみち違法捜査はやっているんでしょう？

著者　なんちゅうことというの。これまで一億回ほど執拗《しつよう》に執拗を極めて繰り返していますが、違法捜査はペイしません。それこそ起訴が夢のまた夢になってしまう。

重ねて、こと事件捜査、ことその起訴の段階においては——だからそれについての合意を獲《え》る段階においては、検事さんに「ウン、解った!!」と言ってもらわなければ。さもなくば、公安警察のあらゆる努力と根性は文字どおりの無駄骨にして徒労になる。ところがその検事さんときたら、イザ公判になったらおバカな警察になんか一切頼らないんだから、どこまでも、トコトン、自分自身で事案の詳細と証拠の詳細、そして証拠構造をゼロから再検討することになる。しなくちゃ公判で負けるから。これを言い換えれば、公安警察のそれまでの全捜査、公安警察の持つ全証拠は、まるっと検事さんの検証対象ということです。まるっと。

もちろん公安警察の活動全てについてプレゼンする必要はないしそれは求められないけれど、事件捜査に必要なことがらは全て検事さんのチェックが入る。もっと言えば、「胡《う》散臭《さんくさ》ければ胡散臭いほど検事さんは警戒する」「怪しければ怪しいほど検事さんの追及は厳しくなる」。それはそうです。違法捜査のキズが確かにあって、それが裁判所にバレたとき、公判で負けるのは検事さん自身だから。まして、警察と検察庁との関係に終わりはないんだから。すなわち、ひとたびある事件捜査でバカな違法捜査をやらかして、それが検事さんにバレたとなれば、それ以降の全ての事件捜査について、まず起訴してはくれなくなるでしょう、その検事さんの在任中は。いえ検察庁が組織として激怒したなら、もう年単位の期間でガン無視されるはず。下手をすれば、着手の合意さえ獲《え》られなくなる（だから48時間で釈放、勾留ナシとか）。そんな損得勘定の合わない話はない。

敵に打撃を与えたいと願うなら、適法妥当な捜査こそがいちばんの武器なんです。語弊《ごへい》はありますが、「ゲームのルールは守る」「フェアにゆく」。そうでなければ検察官の理解も裁判所の理解も、いや国民の理解も得られない。国民が協力してくれなければ、公安警察の仕事なんて何もできない。敵に打撃を与え続け、敵を壊滅に追い込むこともできない。なら国益も公益も何もない。チートはしない。当然のことだしそれがメリットでもあるんです。「ゲームのルールは守る」「フェアにゆく」ことが国益・公益に直結するんです。

無論、これは「全国全ての公安警察がこれまでに違法な捜査を行ったことがない」ことを意味しません。そんなこと私には分かりませんから。ただ重ねて、違法な捜査を行うことは公安警察にとって通例でもなければ本質でもありません。個人的証言としても、私はやったこともやらせたこともない。だって恐いですもん。インチキ、イカサマは恐い。それが真っ当な警察官のメンタリティです。そりゃ時々、とんでもないのもいますが。

公安警察官と「協力者」

編集　それではそろそろお時間ですので、最後の質問をします。いわゆる「協力者」の詳細について教えてください。どういう人が選ばれるのか、どれくらいの人がいるのか、どんな情報を聴き出しているのか、任期はあるのか（死亡するまでか）、あと番号で管理されているのか等々。

著者　最後の1問にたくさんのサブカテゴリがありますが……

そもそも御指摘の「協力者」とは、実際にその言葉を使っているかどうかは別論として、要は特定のテロ団体等について、警察に任意で情報を提供してくださるボランティアの方《かた》ですよね。まあ謝金をお支払いするのが常ですから、無償という意味でのボランティアではありませんが、非職業的に、自由意思で自発的な御協力をいただける方《かた》。

どういう人が——という御質問にお答えすれば、それはテロ団体等の構成員等であって、そのテロ団体等の情報をお持ちの方。暴力団対策で喩《たと》えれば、「古野組」「栗原一家」「佐藤連合」等々の各団体について、いろんなことを教えてくださる方。最初から情報収集の範囲を狭めることに意味はないので、どんなジャンルの、どんな性質の、どんな量の情報でもよいので、諸々《もろもろ》のことをレクチャーしてくださる方。無論、情報を頂戴する目的は公安警察の場合、最終的にはテロ団体等の壊滅ですから、継続的におつきあいをさせていただく方となれば、そのような壊滅に資する情報を御提供くださる方となるでしょう。

どれくらいの人がいるのか、については――それは警察庁警備局のお偉い方でないと分からない道理。ただ常識的に考えて、例えば「古野組」「栗原一家」「佐藤連合」の3団体だけがお客様であったとしても、まさかそれぞれに1人ではとても。情報は複眼的に見る必要がありますし、実務上は量が質をしのぐステージもありますから、情報は多ければ多いほどいい。他方で、例えばボランティアの方々の身の安全の確保を考えたとき、私ひとりが「古野組」内の100人とお友達になっているなどということはあり得ませんよね。これはむしろ常識論で考えるべきことです。例えば御社、祥伝社さんの実像を丸裸にしたいと考えたとき、御自分自身で想定して、いったい何人のボランティアを確保すればよいか。それは御社の規模、組織構造等からある程度の目安がつく。必要数の目安はつく。けれど、ならその必要数が確保できるかというとそうじゃない。百発百中で、告白した相手の女性がみんなOKしてくれたなんてことはあり得ない。必要数を目指して頑張るけれど、交際の実《じつ》にあっては結局、デート人数とデート回数とデート内容とデート結果による。求愛が成功すればするほど必要数を目指せる。そういう常識論。

どんな情報を頂戴しているか、については、新書となるであろう私の原稿に書きましたので、そちらを御参照ください（編集部注・227頁以降参照）。

あとは……

任期？　任期……それも常識論で解ります、ヒトとヒトの交際ですから。夫婦円満で、外的妨害要因もなく、しあわせに暮らし続けている、そのときは「死がふたりを分かつまで」。ただヒトとヒトとの交際ゆえ、別居もあれば離婚もある。不倫すらあるかも。いや、片方の親族が「その交際はケシカラン」「その結婚は認めない」と介入してくるケースもある。暴力的に引き裂かれることもある。またそうではなく、夫婦の一方が「もう年だし、あなたの役に立てることは真実なくなったから、キレイに別れましょう」と申し出ることさえあるかも知れない。

　ここで、もし親族の介入等、外的妨害要因がなかったのなら、たとえ別居・離婚となっても、それまでの結婚生活については「墓場まで持ってゆく」。それは夫婦でそういうルールになっている、そういうルールを決めている。まあ当然ではありますが。口外すれば命の危険のある交際、婚姻ですから……

　最後に、番号管理云々《うんぬん》。そりゃ少なくとも名簿番号くらいはないと、Excel シートも作成できないのではないでしょうか。常識的に考えてこの御時世、パソコンで名簿を管理するとして、それは恐ろしく大事な大事なボランティア名簿です。我々一般市民が、日々のメールや陳腐《ちんぷ》な画像・図表さえ暗号化する令和5年現在、そんな名簿を平文で管理するとしたら、ボランティア各位の方《かた》が恐がって、ボランティアを陸続《りくぞく》と辞めてゆくでしょう。人事は戦争であって、味方は永遠に守らなければならない。なら常識論で、その防衛水準は最高のものでしょう。そうでないと道理に合わない。飽くまでも常識論・一般論ですが。

編集　すみません追加で1問。「協力者」との人間関係、それは上下関係ですか？　要は、公安警察が支配しているスタイル、あるいは命令をしているスタイルなのかといった意味ですが。

著者　そうしたボランティアの方《かた》とは、人間的に対等でなければ意味がありません。互いに互いを人間として尊重する、相互の人格と人生とを重んじる、相互にいつも思い遣る。そうしたまさに夫婦的な、いや同性カップル等でも全然大丈夫ですが、要は愛情共同体的な関係でなければ意味がない。

編集　「意味がない」というのは？

著者　公安警察の目的が達成できない、という意味です。といってこれは公安警察でも刑事警察でも生安警察でも一緒でしょうが……情報というのは、任意に、自発的に御提供いただくからこそ意味があるんです。上下関係を設定したり、命令で動いてもらったりすると、そこでは必ず「上への配慮」「上への恐怖」「上への追従《ついしょう》」等々、生の情報を歪めるファクターが働いてしまう。会社における上下関係からも明らかでしょう。上司に本音を語る部下なんてこの世にいません。でも警察がほしいのは生の、むきだしの、本音の情報。そこに配慮やサービス精神や恐怖感はいらない、というか有害です。口説いた女性を拉致してきて、無理矢理婚姻届に署名押印させ、監禁生活を強制しても意味がないでしょう？ そのとき被害者の女性はまさか「このひとのためになることを……!!」だなんて思ってくれない。むしろ積極的に逃亡しようとするし、世間に悪行を知らしめようとするし、無論、自分の家族に被害を訴えようとするでしょう。何の喩《たと》えかは御理解いただけると思いますが。こんな婚姻スタイル、警察にとってまるで意味がありません。「このひとなら」「このひとのためなら」と思っていただく。それが「任意に」「自発的に」と繰り返し言っていることの本質です。夫のために。妻のために。同性のパートナーのために。何の強制も威迫もなく。むしろ夫婦等の共通共同の利益のために。こころから、本気の本音でそう思って御協力いただかないと意味がないし絶対に破綻する。当然、露見もする。

要は、情報を歪めないためにも、婚姻関係を永続的にするためにも、上下関係や命令は論外なんです。更に言えば、例えばハニトラを仕掛けるとか、例えば借金漬けにするとか、例えば秘密を握って脅迫するとか、そうしたことも全部駄目。違法云々《うんぬん》以前に、情報活動として失格。今申し上げたような手法で婚姻したとして、結果はもう自明でしょう?

どちらも腹の底から解り合って。どちらも相手の人格を尊重して。どちらも互いを思い遣って……死がふたりを分かつまで。外国情報機関の手法はさほど存じませんが、我が国警察の情報収集活動なりその情報源へのアプローチ・関係維持の実態はそうした「義理人情」「義侠心《ぎきょうしん》」に立脚した極めて「ウェット」なものです。我が国ではそれが合理的で安全で、目的の達成に直結するからです。実際、配偶者よりもボランティアの方《かた》と過ごす時間が長い警察官など、この世界ではめずらしくもありません。

編集　それは、謝金を払っていることとどう整合性があるのでしょうか?

著者　警察にお弁当を納入してもらったらお代を払う。警察に指名手配犯の情報を提供してもらったら謝金を払う。経費と労苦に応じた、時に命の危険に応じた社会通念上適正な額の謝金をお渡しすることと、そこに対等で公平な人間関係があるかどうかは全くの別論です。我が国警察は、お金で情報を買うというスタンスで情報収集をしてはいません。私の経験でよろしければ、お金は副次的要素でした。というか私、帳簿を付けながら「私だったらこの額じゃあ警察官のお友達にはならないぞ……」と申し訳なく思ったことも実はあります。財政が厳しく、まさか勤め人の月の手取りほどお出しするわけにはゆかなかったので。いや、もう私退官していますから、今現在の事情は全く知りませんが……

現実の警察官にとってR・Fさんとは

編集　長時間ありがとうございました。最後に今回の議論を総括して、何か一言。

著者　実は嬉しかったです。とても楽しかった。一部、泣かされもしましたが。

編集　嬉しかったり、楽しかったのは何故ですか?

著者　公安警察も警察です。国民・市民のための警察です。ただ仕事の性質上、秘密は多いわ敵は多いわで、嫌われこそすれ愛されることは少ない。警察一家の各部門の中でも、特に目の敵《かたき》にされることの多い部門です。いや、警察一家の身内からさえしばしば白眼《はくがん》視《し》される……ところが、改めてお話を聴くに、なんとまあ、国民的エンタテイメント作品でこんなにも大々的に取り上げられている。まして典型的な悪役・憎まれ役・陰謀結社として描かれているわけでもない……それはかつての警察官としてホント嬉しいです。国民・市民に愛されるためには、まず関心を持っていただかないといけないし、そのためには、お互いの距離が近付くことが大前提ですから。

また私は本来、ミステリ作家です。いわゆる本格ミステリ作家。それもいわゆる特殊設定ミステリを数多く手掛ける作家です。要は設定好き。だからフィクションの中の警察って大好きです、それが読者その他のお客様を侮辱するような促成栽培《そくせいさいばい》の三文芝居《さんもんしばい》でなければ。私はほんとうに、フィクションの中の様々な、そう警察一家の「兄弟」たちを知るのが大好きです。いろいろな刺激を受け、いろいろなことを考えさせられる。脳がよろこぶ。

それはもちろんファクトチェックとか粗探《あらさが》しとかではなく（もう一度言いますが私はミステリ作家、フィクション作家です）……それぞれのエンタテイメントの設定を味わい、それを前提とした上で、「どうやったらよりリアルと整合性がとれるだろう？」「このスプレンディッドな行為・台詞・態度にリアルの裏付けを用意するとすれば？」「このデタラメをどうにか正当化できないか!?」「これを補完できるのは元警察官だけだろうな……」等々と考えること。自分で更に設定を作り深めること。私はそれが大好きで、ある意味それを商売にしています。

そうした意味で、今日はほんとうに刺激を受けましたし、脳がバチバチしていますし、いよいよ原典に当たりたいとも思いました。どうもありがとうございました。

編集　謝金はありません。どうもありがとうございました。

著者　ないのかよ。

（了）

第5章

公安警察の機能と実務

基本的考え方

第3章冒頭で、〈公安警察〉についてはまず次の事項を押さえる必要があると述べました。

(1) 我が国の**警察組織内の一定の部局**を総称する（部門名、セクション名）
(2) 我が国の**警察がとる事務のうち一定のジャンル**も指す（専門分野名）
(3) 〈公安警察〉というのは**実務上の概念**である
(4) **法律上、〈公安警察〉の概念は〈警備警察〉の用語により表される**
(5) 〈公安部門〉と〈組織犯罪対策部門〉とは異なる
(6) 〈公安警察〉は、犯罪という**行為を取り締まる部門／分野**である
(7) 〈公安警察〉の事務は、国（警察庁）と都道府県（都道府県警察）とで分業されている

うち、第3章で既に(1)(3)(4)(7)の諸点を概観しましたので、本章では残る(2)(5)(6)を検討してゆきます。

公安警察の事務と機能

既に詳しく見たとおり、〈公安警察〉とは

X　**警備情報に関する事務**

Y　**警備犯罪の取締りに関する事務**

をつかさどる警察のセクションでした。より正確には、これらは

X’　警備情報の収集及び整理その他**警備情報に関すること**

Y’　国の公安に係る犯罪、国の利益に係る犯罪、社会運動に伴う犯罪その他**警備犯罪の取締りに関すること**

となります（例えば警察庁組織令第38条、及び91頁【警備警察の内容・特徴】）。

ここで、例えば市役所で徴税の事務を担当している人は、徴税なる機能を発揮する人でしょう。民間企業で経理の事務を担当している人は、経理なる機能を発揮する人です。なら〈公安警察〉にあっても議論は同様で、要は〈公安警察〉の事務（X’Y’）をつかさどる人／組織は、X’Y’の機能を発揮する人／組織です。更に要は、X’Y’は公安警察の見分け方を教えてくれるのみならず、公安警察のお仕事の実際をも教えてくれる有難い魔法の鍵です。

したがって以降、視点を大きく変え、組織に着目してきた第3章に対し、機能に着目したかたちで、もっとこのX'Y'を掘り下げてゆきましょう。

公安警察の機能総論——思想と行為

ここでは、第3章の末尾で予告した検討を行います。

すなわちザクッと言えば、「公安警察は特定のターゲットを取り締まる警察なのか?」「公安警察は特定の思想を取り締まる警察なのか?」「それは憲法違反ではないのか?」という問いへの答えです。

(1) 「思想を取り締まらない」という縛り

結論から言えば、公安警察は飽くまで犯罪という「行為」を取り締まる警察であって、まさか**内心の「思想」を取り締まる警察ではありません**。行為を取り締まるという機能において、警察の他の犯罪捜査セクションと何ら異なるものではありません。それは第1に、X'Y'という法令の縛りを読めば解ります。また第2に、日本国憲法を読めば解ります。

すなわち第1に、法令上、〈警備警察〉＝〈公安警察〉＝X'Y'の機能という等式が成立するのですから、

甲　Y'からして、〈公安警察〉なる機能が犯罪の取締りに関する機能であることは自明（**「警備犯罪の取締りに関すること」**）

乙　X'の「警備情報に関すること」という機能も要は**「警備犯罪に関する情報に関すること」**なので（91頁【警備警察の内容・特徴】、104頁C参照）、〈公安警察〉の情報に関する機能もまた、警備犯罪の取締りに関する機能であることは自明

です。そして繰り返しますが、「警備犯罪」≒i)国の公安に係る犯罪＋ii)国の利益に係る犯罪＋iii)社会運動に伴う犯罪なのですから（同【警備警察の内容・特徴】参照。なお「≒」を用いたのはi ii iiiが例示だからです）、詰まる所、〈公安警察〉とは

【公安警察の機能と射程】

右のi ii iii等の犯罪を取り締まり、及びその取締りのための情報収集等をする（先のX'参照。「警備情報の収集及び整理その他……」）**機能**

のことです。これが、警察法と警察庁組織令すなわち我が国社会の民主的プロセスを経て

制定された、法令のルールであり縛りです。

また第2に、我が国憲法は周知のとおり思想の自由（第19条）、信教の自由（第20条）、集会・結社の自由（第21条）、表現の自由（同条）等々を保障していますから、行政機関が――もとより〈公安警察〉も行政機関――これらを侵害することは論外です。また特に、内心の自由たる思想の自由・信教の自由は絶対的保護の対象です。公共の福祉によっても絶対に制約できません。よって法令上いえ憲法上、〈公安警察〉が思想を取り締まるのは絶対確実に違法・違憲です。ここまでは大学の法学部の新入生でも知っている物の道理であり縛りです。また、大学の法学部の新入生でも知っている刑法の大々原則として、刑法は内心の動機・故意が行為として現れ出たときにそれを犯罪として処罰するのであって、例えば「殺したい」「殴ろう」なる内心の動機・故意そのものが処罰されることは絶対確実にあり得ません。

しかしながら……

ここに〈公安警察〉なる機能の難所《なんしょ》あるいはパラドックスがあります。すなわち、やられてしまってからでは遅いという難所です。

(2) テロ等における「思想」と「行為」の悩ましい関係

右のⅰⅱⅲ等の犯罪は、要はテロ・ゲリラ・暴力主義的破壊活動・無差別大量殺人行為等なのですから、それが行為＝犯罪として現れ出たときに取り締まるのでは遅いのです。無論、そのように現れ出たときは直ちに取り締まり又は鎮圧するのが〈公安警察〉と〈実《ジッ》施《シ》〉の機能ですが、そのときは極論、我が国民主社会がもう崩壊しているおそれがあります。少なくとも、数多《あまた》の無辜《むこ》の人々の生命・身体・財産がもう失われているおそれがあります。このことは具体例で考えればすぐ理解できます。

例えば、オウム真理教による「地下鉄サリン事件」。これは世界史上初《はつ》の化学兵器テロにして未曾有《みぞう》の無差別大量殺人行為ですが、我が国の善良な市民は誰ひとり、これを「行為として現れ出たときに処罰すればよい」事件だったとは思わないでしょう。むしろ「警察はちゃんとこれを未然防止すべきだった」と思うでしょう。無論、警察自身も、当時も今もそう認識しています。それは公刊物からも解ります。

すると……

ちゃんと未然防止するためには、「地下鉄サリン事件」以前に、ちゃんとオウム真理教に係る情報収集をしておくべきだったと、ロジックとしては当然そういうことになります。これまた警察自身もそう認識しています。そしてそれは〈公安警察〉の機能と矛盾しません。要は、やがて行われるであろう「警備犯罪」についての「情報収集」なのですから(右のY'の機能)。それは例えば、やがて行われるであろう「振り込め詐欺」について、刑事警察が特定の詐欺集団についての「情報収集」をするのと何ら変わりません。

とはいっても……

未だテロ・ゲリラ・暴力主義的破壊活動・無差別大量殺人行為等は具体化していない、いないのですから、例えば先のオウム真理教からすれば、それは行為の情報収集をしているのではなく、思想・信教の情報収集をしていると見えるでしょう。ちょっと喩《たと》えの角度が異なりますが、無辜《むこ》の市民が警察官の職務質問を受けたとき、「俺は何もしていないのに……」「素行や服装の趣味で決め打ちしやがって……」「最初からターゲットを狙い撃ちしているんだろう!!」と考えがちなのに似ています。

詰まる所この問題は、

①公安警察は飽くまで行為=犯罪をターゲットにしているけれど
②捜査の対象には思想・信教の狙い撃ちに見えてしまう上
③イザ行為に至ってしまっては完全に遅いのだから

④行為の前提たる内心の動機をウオッチせざるを得ない

という実態論からくる問題です。言い換えれば、

⑤見掛け上、行為のウオッチと動機のウオッチは白黒ハッキリと切り分けられるものではない

という難所《なんしょ》からくる問題です。より端的《たんてき》には、

「公安警察による行為のウオッチはどこまで踏み込めるのか？」

「公安警察はどこまで踏み込んで行為をウオッチできるのか？」

なる問題です。

ここで、もし公安警察自身が自らを強固に縛り、行為ギリギリまで又は行為の後にのみ必要な対処をすることとすれば……地下鉄サリン事件のようなテロは今後数多《あまた》、しかも平然と敢行されることとなるでしょう。そしてそれは必ず、我が国の善良な市民多数を悲しませ怒らせるでしょう。他方で、もし公安警察が大きく踏み出して思想ギリギリまで……あるいは思想内容に至るまでズケズケと対処するとすれば、それは第二次世界大戦敗戦以前の特別高等警察と何も変わらず、これまた我が国の善良な市民多数を悲しませ怒らせるでしょう。

(3) 我が国公安警察のスタンス

どのみち、「行為のみ」「思想のみ」という両極端は我が国に不幸しか生みませんので、問題の本質は、公安警察という機能がこの「思想——行為」軸において、どれだけ適法性・民主的正統性・正義に適《かな》うポジション取《ど》りをするか、に帰結します。

そして公安警察の実務を見るに、第1に我が国公安警察は実態として**強い「行為シフト」「事件シフト」を指向しています**。それはそうです。公安警察は我が国において唯一、犯罪捜査の権限を与えられた情報機関。その「真価」「真骨頂《しんこっちょう》」は、捜索・差押え・逮捕（そして起訴・処罰）・課税通報といったテロ団体等への**直接打撃**とその**波状攻撃**、更にはそれらによるテロ団体等の**破壊・壊滅**を実現できることです。すなわち、最終的に事件＝警備犯罪の取締り機能（Y'）を発揮してこその公安警察です。重ねて、直接打撃の権限を委ねられた情報機関は、我が国には公安警察しかないのですから。いわゆる「情報のための情報」「お勉強としての思想調査」は、公安警察とその果たすべき機能にとってまるで無意味です。ぶっちゃけていえば、そうしたマニアの自己満足は、警察部内《ブナイ》において評価されるものでもなければ実績になるものでもありません。

ただ第2に、とりわけオウム真理教に係る一連の事件についての反省を踏まえ——結果として野放しに近い対応をして結果として未曾有《みぞう》のテロを実行されてしまった反省を踏まえ——公安警察は、警備犯罪に関する情報の幅広な・前広《まえびろ》な収集を行っているはずです。特に、例えばオウム真理教の反社会性の中枢をなした「タントラ・ヴァジラヤーナ」（＝教団の利益に合致すれば、殺人さえも教団の救済活動として許される場合もあるとする教義）のごとき、いわば**「テロ行為直結思想」「テロ行為直結動機」**についての幅広な・前広な情報収集を行っているはずです（私はもうその実態を知る立場にはありませんので）。なお、このような「テロ行為直結動機」の他の例としては、共産主義過激派——いわゆるマルクス＝レーニン主義（ＭＬ《エムエル》）——の中枢をなす「暴力革命論」「敵の出方論」「プロレタリア国際主義」等があります。

　あと余談として、近時の社会情勢を踏まえれば……今、とある宗教団体さんが、突発重大テロの発生に関連してメディア、ＳＮＳその他により社会的に非難されているとお見受けしますが、もしそれが公安警察の職業的関心を惹起《じやつき》するとすれば、それは当該《とうがい》宗教団体さんに「タントラ・ヴァジラヤーナ」「暴力革命論」に匹敵する「テロ行為直結動機」が確たる根拠とともに確認できたときです。よって、直接打撃とその波状攻撃により破壊・壊滅を図るべきと確たる根拠とともに決断できたときです。

この「確たる」「確たる」という点は必ず、「手遅れ」「後の祭り」の問題を孕《はら》みますが、しかし根拠のない違法な活動、時に違憲の活動をして裁判所に違法・違憲の判決を出されてしまっては、爾後《じご》10年20年——いえまさに国家百年のスパンで——公安警察の活動が強く制約され、軛《くびき》を負わされ、必要な情報収集すらできなくなってしまいます。それはテロ団体等をよろこばせるだけです。というのもそのときは、不謹慎《ふきんしん》な例を挙げれば、昨年の国葬反対デモの万倍いえ億倍の抗議行動が全国的に展開され、全国警察官に対する直接的な牽制《けんせい》活動すら派手に行われることになるでしょうから。百害あって一利ありません。

　ゆえに、読者の方にとってはまこと意外かも知れませんが、公安警察は活動の適法性に極めて神経を使いますし、その点についての警察庁の統制は極めて厳しいものとなります。私は刑事警察にも身を置いていたので強《し》いて言いますが、右の警察庁の統制は、例えば刑事警察に対するものとは桁違《けたちが》いに厳しいものです。重ねて、アホなことをして公然と裁判所や国民の非難を浴びるのは、敵に付け入るスキを与えるだけで、何のメリットもありませんから。なお私の経験を再論すれば、私の公安警察人生において違法な活動を行わせたことは一度もありませんし、それをしたいとの案を持ち掛けられたことも一度もありません。警察庁警備局には騙《だま》しも誤魔化《ごまか》しも利きませんし、私は突然呼び出されて飛行機や新幹線に飛び乗ってエライヒトの個室に軟禁《なんきん》され4時間も5時間も吊《つる》し上げられることや、果ては懲戒処分を食らうこと、退職金をも召し上げられることは断じて嫌でしたので（そりゃ現場の誰でもそうです）。

念《ねん》の為《ため》に申し上げれば、私は公安警察の歴史を通じて違法な活動がなかった——などとは申し上げていません。取調べで被疑者を殴る警察官、遺失物から現金を抜き盗る警察官、果ては万引きをする警察官が実際にいる以上、公安警察の警察官だけが聖人君子であるなどとは言えません。ここで私が言いたいのは、そうした属人的な非違《ひい》行為や犯罪を別とすれば、組織として／行政機関として、公安警察の活動における違法行為は絶対に見逃さないし許さない——という姿勢が常に堅持されている、という事実です（それは重ねて、その、まあ、必ずしも道徳的・倫理的な高潔さゆえではなく、戦略的・大局的なメリットを考えた算盤《そろばん》勘定ですが）。

公安警察の機能——サブカテゴリ

右のとおり、公安警察の機能はテロ団体等の「テロ直結動機」を確認し「破壊・壊滅」

を指向するものですので、公安警察内の仕事＝機能の割り振りは、例えば犯罪の種類によるのでなく、「テロ直結動機」の一定のまとまりによります。

ここで、かつて警察庁警備局には、公安警察についていえば警備企画課＋公安第一課＋公安第二課＋公安第三課＋外事課があったとお話ししました（119頁参照）。これがまさに機能別分類です。今現在はリストラ後・再編後の姿しか見えず、よって分かりにくいので、この往時の姿を用い、公安警察のサブカテゴリを整理しておきましょう。ちなみに以下で、我が国が国家として――法令上――「カルト犯罪」「右翼犯罪」「極左犯罪」等々をどう定義しているのか、知ることができます（他の霞が関官庁ではまず用いられない興味深い文字列が見られます）。

【公安《ハム》警察のサブカテゴリ】 X'＝**警備犯罪情報機能**　Y'＝**警備犯罪取締機能**

〈備企《ビキ》〉……左の各機能の総合調整＋総合情報分析＋サイバーテロのX'Y'

（現警察庁組織令第37条）

〈公一《ハムイチ》〉……カルトのX'Y'（＝テロリズムに係る組織犯罪その他これに類する特殊な組織犯罪に関する機能）＋他の機能が担わないX'Y'

（現警察庁組織令第38条、かつての警察庁組織規則第1条の20の2）

〈公二《ハムニ》〉……右翼のX'Y'（＝極端な国家主義的主張に基づく暴力主義的破壊活動に関する機能）
（かつての警察庁組織令第15の2）

〈公三《ハムサン》〉……極左のX'Y'（＝極左的主張に基づく暴力主義的破壊活動に関する機能）
（かつての警察庁組織令第15の3）

〈外事《ソトゴト》〉……国際テロのX'Y'（＝外国人又はその活動の本拠が外国に在る日本人によるテロリズムに関する機能）＋外国人のX'Y'

※なお、「テロリズム」の定義
＝「広く恐怖又は不安を抱かせることによりその目的を達成することを意図して行われる政治上その他の主義主張に基づく暴力主義的破壊活動」（現警察庁組織令第40条第1号）

右の5のサブカテゴリは警察庁スタンダードで、ゆえに我が国公安警察のほとんどのスタンダードです。ほとんど、と申し上げたのは、既述《きじゅつ》ですが警視庁は例えば公安第二課に極左《キョクサ》に関する機能を持たせたり、公安第三課に右翼に関する機能を持たせたりしているので、裸で〈公二《ハムニ》〉〈公三《ハムサン》〉と言ったとき、概念の混乱が生じうるからです。

また前頁から明確なとおり、サブカテゴリの下に更にサブカテゴリがあります。〈備企《ビキ》〉機能は例えば〈総合情報分析〉機能と〈総合調整〉機能をしたがえ、〈公一《ハムイチ》〉機能は例えば〈特対《トクタイ》〉機能——特殊な組織犯罪の対策機能をしたがえます。

加えて、公安警察の属する〈警備部門〉は、他の警察部門と専門的に切り分けられた部門ですから、〈警備部門〉に所属する警察官は——ゆえに公安警察の警察官も——「生安《セイアン》」「刑事」「交通」の警察官とは随分《ずいぶん》異なるカルチャーとメンタリティを有する上、その〈警備部門〉内においてさえ、機能のサブカテゴリごと、カルチャーとメンタリティの違いが見受けられます。

そうした差異は、まず〈外事《ソトゴト》〉とそれ以外とで顕著《けんちょ》です。〈外事《ソトゴト》〉は外国の大使館員・領事館員あるいは外国の情報機関員等とコミュニケーションをとるためか、ともかくスマートでスタイリッシュです（当然、泥臭い仕事もしますが）。時に行動の舞台そのものが外国ですし……ゆえに諜報機関、防諜《ぼうちょう》といったどこかしらハイソな用語が示すとおりの、まあ、高尚さ優美さあるいは洗練・合理性があります（重ねて、泥臭い仕事もしますが）。

他方で、特に〈公一《ハムイチ》〉〈公二《ハムニ》〉〈公三《ハムサン》〉は国内担当機能ですから、日本人好みの渡世《とせい》の仁義、義理人情、人格的交流、気配りおもてなし等々といったウェットな、時に超泥臭い文化を大切にします。よって〈外事《ソトゴト》〉との対比で、〈超《ちょう》ドメ〉＝超国内派《ドメスティック》と揶揄《やゆ》されたり自嘲《じちょう》したりすることがあります（これは私、我が国においてのみならず外国においても体感しているところでして、私が学んだフランス国家警察《PN》の国家警察総局公安局《DGPN・DCRG》が超ドメで気さく、外事局《DST》がハイソでほとんど実態不明でした……御飯おごってくれたのは前者の人でしたし、そもそも後者の構成員と職務はフランスの防衛機密《スクレ・デファンス》に指定されています。閑話休題《かんわきゅうだい》（なおＤＣＲＧなりＤＳＴなりは今では組織改変されています））。

　加えて、オウム真理教以前と以後でまた異なりますが、伝統的に〈公二《ハムニ》〉〈公三《ハムサン》〉の機能は事件化《ジケンカ》能力・犯罪捜査能力において突出してきた傾向があります。というのも、対処すべき事象が相対的に多かったからです。これらは例えば警備犯罪のうち右翼事件と極《キヨク》左《サ》事件の捜査をする機能ですが、①右翼事件についていえば数もさることながらその捜査は——相対的に——困難性が低いというアドバンテージがあり、②極左《キヨクサ》事件についていえばその捜査は緻密《ちみつ》さ・慎重さ・高度の技倆《ぎりよう》・高度の密行性と秘匿《ひとく》性を要するからです。言い換えれば、〈公二《ハムニ》〉〈公三《ハムサン》〉の機能は①②によって／現場において、否《いや》が応《おう》でも犯罪捜査能力を鍛えられてきたからです。これらに比し、〈公一《ハムイチ》〉〈外事《ソトゴト》〉の機能は、その性質上10年に一度の／30年に一度の／50年に一度の事件を捜査する傾向にありますから（内乱だの騒乱だのサリン散布《さんぷ》だのスパイの摘発だのは、まさか例年の恒例行事ではないでしょう……）、絶えず事件化を意識し絶えず事件化を狙っているとはいえ、長期的に見て犯罪捜査能力の維持が難しく、運営を誤れば常に「情報のための情報」「お勉強のための理論調査」に終始してしまう危険があります（この点、〈公一《ハムイチ》〉機能がオウム真理教に対峙《たいじ》せざるを得なくなったのは、実に大きな転換点でした。「事件に強い警備警察」なるモットーが掲げられたのもその頃です。裏から言えば、往時は「弱い」なる自認があったことになります……）。

なお、ここまで敢えて触れてこなかった〈**備企《ビキ》**〉機能ですが——

先の【公安警察のサブカテゴリ】において〈備企《ビキ》〉の機能とされているもののうち、サイバーテロ関係は、まあ怪しくはないですね。また総合情報分析というのも、要は公刊資料・公然情報による総合的な内外情勢の分析ですので、これも怪しくはない（念《ねん》の為《ため》ですが、行政機関がその任務の遂行のため必要な公刊情報その他の情報を収集できることは、我が国行政法上当然のことで適法です——法学部の新入生議論）。

すると備企《ビキ》について残るのは〈総合調整〉、すなわち公一《ハムイチ》・公二《ハムニ》・公三《ハムサン》・外事《ソトゴト》の機能の総合調整機能ですが、これって具体的にどんな機能なのかと言えば……複数ありますし言葉に迷いますが、読者の方《かた》がきっと期待なさっている代表例につき一般論を申し上げれば……右の〈公一《ハムイチ》〉〈公二《ハムニ》〉〈公三《ハムサン》〉〈外事《ソトゴト》〉の各機能のうち、

　とりわけ、なかんずく、とりたてて、特に重要であり、
　国家として全国規模でしっかりと基準・規範を定めて、
　しっかりと指導・調整をして、
　徹底して適法・妥当・適正に発揮させなければならない、
　そんな特定の機能についての〈総合調整〉機能

でしょう。なお念《ねん》の為《ため》ですが、ここで申し上げているのは飽くまで「機能」の話です。〈備企《ビキ》〉の機能ととらえられている一《いち》機能の話です。「組織」としての警察庁警備企画課の話ではありません（それはそうです。今現在例えば公一、公二、公三なる組織は警察庁にはありませんので）。よって、①右の総合調整機能が実際にどこで、誰によって、どのように発揮されるべきか、あるいは、②その具体的な神経系統・指揮系統・権限の範囲がどうあるべきか等については、私が現役だった頃から常に熱い検討・見直しの対象となっていました。まして現役を退いている今、私がこの①②について知っていることは何もありません。

そのうち舌を噛みそうなのでこの点については以上です。

要はカルト対策

右では公安警察の機能をまとめましたが、実は私個人は——公安警察に所属していたとき——「公安警察の機能というのは、要はカルト対策に尽きる」と考えていました。

これについては私的なエピソードがあります（私は既述《きじゅつ》のとおりフランスにおけるカルト対策を調査研究するため渡仏したことがありますが、よってその分野の専門家ですが、ここでは違うエピソードを採《と》り上げます）。すなわち——

今世紀の初頭、思うに2001年頃、警察庁警備局に警備局長の私的勉強会が置かれ、「これからの警備警察の在《あ》り方《かた》」「21世紀における警備警察の在り方」等が大いに議論されたことがありました。私は当時地方勤務をしていましたが、しばしば現場からの意見を求められ、警察庁の担当補佐や担当課長に私見《しけん》をプレゼンしたのを思い出します。

再論すれば、私は公安警察の機能＝カルト対策、と考えていましたので、よって

①超ドメの〈公一《ハムイチ》〉〈公二《ハムニ》〉〈公三《ハムサン》〉なる機能はやがてひとつに収斂《しゅうれん》・統合され

てゆくだろう

②組織の在り方も、〈公二〉《ハムニ》〈公三〉《ハムサン》から〈公一〉《ハムイチ》へ、なかんずくその「特殊な組織犯罪の対策」（２１０頁参照）へと大きく定員・予算をシフトしたものとなってゆくだろう

③これからは新しい治安攪乱《かくらん》要因（これは公的に誰もが使っていた用語）こそが大いに／数多《あまた》勃興《ぼっこう》してくるのだから、我々はＭＬの最期を看取《みと》りつつ、新しい技術や新しい立法によってそれらに対処することを中心的課題としてゆくだろう

（「ＭＬ」については２０５頁参照）

……等々と、まあ、ニワカな書生ぶったことをプレゼンしました。若気《わかげ》の至りでしょう。

約20年後となる令和5年の今これを顧《ふりかえ》れば――本項の執筆をするまで自分でも忘れていました――ぶっちゃけ、予言が当たった部分もあれば大外れとなった部分もあります。そもそも私自身が早期退官し作家なるゴロツキになっているとは未来予想の埒外《らちがい》でした。とまれ、私が公安警察の機能＝カルト対策、と考えた理由はとてもシンプルです。すなわち――先の【公安警察のサブカテゴリ】にあるとおり、公安警察の機能は要は「〇〇なる主張に基づく暴力主義的破壊活動に対応する機能」とまとめられるからです。公安警察のテロ対策というのも要は「政治上その他の主義主張に基づく暴力主義的破壊活動への対

策」とまとめられるからです（209頁「テロリズム」の定義参照）。

伝統的な考え方からすれば、例えば右翼対策と極左《キヨクサ》対策とカルト対策はそれぞれ別物ですが、右翼の「極端な国家主義的主張」なり極左《キヨクサ》の「極左的主張」なり（定義が循環している気もしますが）、はたまた既に例を出したオウム真理教の「タントラ・ヴァジラヤーナ」なりは、これすべてカルト的主張ととらえて問題ありません。それが国粋主義なる宗教か、ＭＬなる宗教か、あるいは仏教過激派かの違いがあるだけです。

……たまさか現在、国のカルト対策なりカルト規制立法なりが大いに議論されていますが、それは実は今般初めて浮上した課題でもなければ、オウム真理教に係る一連の事件を契機に浮上した課題でもありません。それは公安警察なるものが本質的に担わなければならない本来的な機能であり（したがってサブカテゴリなどではなく）、警察は第二次世界大戦敗戦後から、あるいは戦前の国際共産主義運動が活発化した時点から、この本来的な機能を発揮してきたと、私個人はそう考えます。念《ねん》の為《ため》に急いで付言《ふげん》すれば、私は戦前の警察、なかんずく特別高等警察を何ら讃美するものではありませんし、「カルト対策」なる用語に思想取締り・宗教取締りの意味を込めるものでもありません。

私が言いたいのは、戦後の公安警察が担うX'Y'の機能というのは——**警備犯罪情報機能**

と警備犯罪取締機能というのは――詰まる所、今現在世論を沸騰《ふっとう》させているところの善良な市民が希求《ききゅう》する**「カルト対策」**なる用語で総称でき、よって、公安警察とその機能というのは、極めて歴史的で専門性の高いものであるばかりか、**極めて現代的で市民と近しいものである**ということです。特にこの「市民と近しい」という考え方こそ、私が本書を著そうとした大きな動機のひとつです。

公安警察と組織犯罪対策部門

さて公安警察の機能が解りましたので、ここで公安警察と組織犯罪対策部門の違いについてまとめます。前者は既に見たとおり警察庁警備局＋警視庁公安部＋道府県警察本部警備部＋警察署警備課、の一部によって担われる機能でした。他方で後者は、右に倣《なら》っていえば警察庁刑事局組織犯罪対策部＋警視庁組織犯罪対策部＋福岡県警察本部暴力団対策部＋他の道府県警察本部刑事部＋警察署刑事課等、の一部によって担われる機能です。後者はよく知られているとおり**組対**《ソタイ》、と略されます（なお【図 - 1】【図 - 3】【図 - 5】【図 - 6】参照）。

この組対《ソタイ》の機能は、乱暴に括《くく》ってしまえば要は暴力団対策機能です。組織的・歴史的には、警察の暴力団対策部門が発展的に改組《かいそ》されたものです。なお組対《ソタイ》は薬物対策・銃器対策・マネロン対策・国際マフィア対策等々の機能も発揮しますが、それらの機能を——傾向・ベクトルとしては——暴力団対策の観点から発揮します（というのも例えば、我が国で薬物犯罪・銃器犯罪とくればまず暴力団によって敢行されますから）。

そして既述《きじゆつ》のとおり、①公安警察は例えばテロ団体等に係る犯罪の取締機能を発揮しますが、②組対《ソタイ》は例えば暴力団に係る犯罪の取締機能を発揮します。この「特定の団体に係る犯罪を取り締まる」という点、「団体に着目して犯罪を取り締まる」という点において、両者はとても似ています。

実際、今世紀の初頭に警察庁刑事局組織犯罪対策部が設置されたとき、たまさかこの時期は前述の公安警察リストラ期（42頁参照）と一致していたものですから、警察部内《ブナイ》において、「そもそも公安警察の機能は組織犯罪対策機能なのではないか？」「組織犯罪対策機能をまとめるという観点から、公安警察と暴力団対策警察の統合を視野に入れてもよいのではないか？」という議論がなされました。結果としてこれが実現していないのは周知のとおり、本書で幾つか御紹介した組織図のとおりです。

では何故それが実現しなかったか。あるいは何故、「公安警察機能と組織犯罪対策機能は別物」とされたか。

往時、廊下鳶《ろうかとんび》であった私が諸《しょ》幹部から聴き及ぶに——ゆえに庁としての「正解」かどうかは保証しませんが——概略、警察庁警備局が次のように主張したからだそうです。すなわち、

①仮に、公安警察の機能も暴力団対策警察の機能もともに「組織犯罪対策」ととらえることができるとして、

②暴力団は飽くまで**金銭的利益**を動機としてその動機を充《み》たすための犯罪を敢行するのに対し、

③テロ団体等は非金銭的な、一定の政治的／宗教的主張を動機としてその動機を充たすための犯罪を敢行するのだから、

④両者の敢行する犯罪は大きく異なる性質のものとなる上、

⑤大きく異なる犯罪を捜査する手法・技倆《ぎりょう》もまた大きく異なるものとなるから

——云々《うんぬん》。

確かに実態論からしても、公安警察の手癖と暴力団対策警察の手癖はまるで異なります。情報収集の段階から大きく毛並みが違いますし（もっと言えば、公安警察の情報収集ス

タイルと、暴力団対策警察の情報収集スタイルと、薬物・銃器対策警察の情報収集スタイルはまるで違う文化と伝統に基づくものです)、討ち入りその他の捜査スタイルも——そこはやはり刑事部門と警備部門ゆえ——あたかも違う国の違う人種がやっていると思えるほど大きく毛並みが違います。

ともあれ、前述の公安警察リストラ期、公安警察は暴力団対策警察へのいわば吸収合併を回避することができました。以降、右のような合併論は絶えて聴きません。今現在の警察の常識として、公安警察が仮に組織犯罪対策ともいえる機能を担っているとしても、それは組対《ソタイ》の機能とはまるで別物であって、両者は明確に切り分けられていると考えられています。この点、読者の方《かた》を始めとする一般市民の方が「組織犯罪対策」なる言葉・部局を知ったとき、疑問に思われる点だと思いますので、考え方と歴史を整理しました。

公安警察の機能——実務の在り方

再論すれば、右では公安警察の機能X'Y'について、「犯罪」「行為」の観点からはどのように切り分けられどのようにとらえられるのか、ザッと概観しました。ここでもう一度顧《ふりかえ》っておけば、X'Y'とはすなわち

X'　警備情報の収集及び整理その他警備情報に関すること**（警備犯罪情報機能）**

Y'　国の公安に係る犯罪、国の利益に係る犯罪、社会運動に伴う犯罪その他警備犯罪の取締りに関すること**（警備犯罪取締機能）**

という機能でしたね。そして「警備情報」＝警備犯罪に関する情報、なので、詰まる所X'Y'のいずれもが警備犯罪に関する機能となり、だから私達はこの「犯罪」に着目し、**〈備企《ビキ》〉〈公一《ハムイチ》〉〈公二《ハムニ》〉〈公三《ハムサン》〉〈外事《ソトゴト》〉**なる諸《しょ》機能を検討してきたのでした。

しかしながら――

公安警察の機能は、特に実務的観点から、また異なる分類をすることが可能です。すなわち「どのような犯罪を取り締まるか？」という犯罪割りでなく、「具体的にどのようなタスクを担当しているか？」という実務の中身割りで、公安警察の機能をとらえることができますしそれは有意義です。公安警察に所属している警察官の実務とその流れ、サイクル、目的等々をイメージすることができるようになるからです。

それは具体的には、「公安警察に所属している警察官各自がどのようにX'Y'の機能を分担しているか？」という問いへの答えです。そして結論から申し上げれば、公安警察に所属している警察官は、概略、X'Y'の実務を3分割して3の実務のまとまりを作り、それぞれに特化した機能を発揮しています。やや抽象的になりましたので、以下、この「公安警察の3機能論」について具体的に御説明します。

(1) 公安警察の3つの実務的機能

重ねてX'Y'を御覧ください。犯罪の種類に着目し
ないとき、例えばY'は1つの機能・1つの実務しか指していません。それは無論「警備犯罪の取締りに関する機能」です。

他方でX'をよく読むとき、そこから複数の実務・機能を見出すことができます。それらは無論、「警備情報の収集に関する機能」＋「警備情報の整理に関する機能」＋「それ以外の警備情報に関する機能」です。ここでは便宜上《べんぎじょう》、最後のバスケット機能（何でも必要なものが入る機能）を措《お》くと、公安警察の実務・機能とは要は

Ⅰ　警備情報の収集に関する機能（警備犯罪に関する**情報の収集**に関する機能）

Ⅱ　警備情報の整理に関する機能（警備犯罪に関する**情報の整理**に関する機能）

Ⅲ　警備犯罪の**取締り**に関する機能

であることが解ります。これが公安警察の3機能・3機能論です。

更に具体的に述べます。

⑵ 警備情報の収集（警備犯罪に関する情報の収集）

３機能の第１です。読んで字のごとく、実際に警備情報＝警備犯罪に関する情報を**収集**する機能・実務です。これはいわば農夫・猟師・漁師の機能・実務です（時に忍者かも知れません）。要は、情報についての第一次産業の実務です。

具体例を挙げましょう。

「古野教」なる邪教カルトがあるとします。そしてこれが御近所トラブル、献金トラブル、他の団体との抗争トラブル等を起こしているとします。

それ自体が刑法犯・特別法犯を構成するときは、無論直ちに事件化《ジケンカ》の措置を講ずるのですが、①トラブルの初期段階においては、直ちに犯罪を構成する行為があるとはいえない場合も多々ありますし、②問題の行為が客観的に見て微罪《びざい》・軽微な犯罪であるときは、いきなり強制捜査ができない場合も多々あります。

ただ複数のトラブルが惹起《じやっき》されている以上、害を被《こうむ》っている市民等が相談に訪れたり、害を被っている市民等が情報の提供なり被害届の提出なりをするでしょう。また警察としても、トラブルの本質を見極《みきわ》めるため風聞《ふうぶん》を集めたり、日頃から警察とおつきあいのある地域のボランティアの方々・地元の顔役の方々等から情報を聴こうとするでしょう。

こうして「古野教」に関する一般的な情報が集まってくると、トラブルの本質あるいは「古野教」の本質について、一定の見極めをすることができます。この際、「古野教」が例えば愛知県土着の／愛知県限定のカルトだったときは、対処と見極めのイニシアティヴは――警察庁へのホウレンソウをしっかりしつつ――愛知県警察がとりますが、既にして「古野教」が複数県において活発に活動している場合、あるいは既にして全国展開している場合は、むしろ警察庁が――法令上の指揮監督権・法令上の調整権を発揮しつつ――対処と見極めのイニシアティヴをとることとなるでしょう。といって、ここまでは組織性・団体性のある犯罪の捜査一般について言えることで、公安警察だから妙な特色があるというわけではありません。

問題は、「古野教」がいよいよ警備犯罪を行っている／行おうとしていると判断できるときです。これまでの議論を踏まえて言い換えれば、i)国の公安に係る犯罪、ii)国の利益に係る犯罪、iii)社会運動に伴う犯罪等を行っている／行おうとしていると判断できるときです（i ii iii は例示でしたね）。そして未だ犯罪が顕在化《けんざいか》していないのなら、その容疑の確《かく》度《ど》・蓋然性《がいぜんせい》は、「古野教」の動機・信仰いかんに大きく依存するでしょう。

ここで、先に触れた「テロ行為直結動機」なる本書の概念を思い出してください（20

５頁参照）。例えばオウム真理教のタントラ・ヴァジラヤーナ、共産主義過激派の暴力革命論・敵の出方論のごとき致命的な動機です。殺人や内乱を容認するという、我が国と我が国社会にとって致命的な動機です。無論、我が国社会の多数派を構成する無辜《むこ》の善良な市民にとって致命的な動機です。

　そのような「テロ行為直結動機」が確認され、あるいは完全に詰め切れてはいないがそれを有していると客観的な証拠・情勢から言いうるとき、本項で扱っている公安警察の情報〈収集〉機能はいよいよフル回転しなければなりません。その中短期的な目的は無論、事件化《ジケンカ》（に伴う捜索・差押え・逮捕・課税通報等）でして、事件化によって古野教による警備犯罪を剔抉《てっけつ》（＝えぐりだす）しなければなりません。もし古野教がこれから警備犯罪を行おうというのであれば、その未然防止と封圧《ふうあつ》を図らなければなりません。そうすることで、長期的には「古野教」を壊滅させなければなりません。

　よっていよいよ、公安警察の内偵捜査が本格化します。

　その内偵捜査を具体的に／現場で行うのが、本項で扱っている情報の**〈収集〉**機能です（なお公安警察の情報収集というのが**「警備犯罪の情報収集」**であって、よって性格としては**「事件の内偵《ないてい》捜査」**であることに留意してください。情報収集それのみが目的なのではなく、また無論、弾圧のための思想調査が目的なのでもありません。行為を罰するために、犯罪の内偵をするのです）。

この〈**収集**〉機能は、後述する〈分析〉〈取締り〉機能同様、公安警察内でユニット的に独立しています。〈収集〉機能を担当する警察官らは、それのみに機能特化し、〈分析〉〈取締り〉には関与しません。機能別完全分業です（ただ警察本部ならまだしも、警察署の場合、定員の制約があることから、必ずしも厳密な分業制がとれない場合もあります）。この機能別完全分業の本質的理由も後述します。

さてイザ本格的に内偵捜査を開始するとき、公安警察のうち〈収集〉機能が受け持つのは、情報の第一次産業です。要は農夫・猟師・漁師として野菜・肉・魚を収穫等してくること——生《ナマ》の情報の収穫です。

実際どのように農業漁業等を営むかについては、大別して3のスタイルがあります。喩《たと》えで言うなら、①友達の輪を広げること、②推《お》しの追っ掛けをすること、③求愛されている恋人を見定めること——の3スタイルです。

①は要は、「古野教」の内部に、有難くも自発的意思で警察に御協力していただける有徳《ゆうとく》で善意と義侠心《ぎきようしん》にあふれたお友達を見出すことです。この点、例えば刑事さんが汚職

や選挙違反の捜査でいわゆる協力者を布石するのと手法としては変わりませんが……古野教はテロ行為直結動機を有している／有している蓋然性《がいぜんせい》が高い教団ですから、そこに敢えて入信する信者さんたちの信仰心・信念は強固なはずです。また教団として、世間様《せけんさま》には言えない野望を抱いているわけですから、当然警察の介入には神経を激しく尖《とが》らせているはずです。それはそうです。客観的に見たとき、古野教と公安警察は戦争状態にある／戦争状態になるのですから……そのような教団の内部に警察官がお友達を見出そうとするのは、まあ、チンタラやっていたら不可能に等しい難事《なんじ》です。また戦争ゆえ、個人プレイではどうにもなりません。加えて、お友達になってくれるにせよ断られたにせよ絶讃口説き中にせよ、警察官とその求愛対象との具体的なデートプランやデートそのものは、国家の秘密ともいうべき最高水準の秘匿《ひとく》を要する、内緒内緒の「墓場まで持ってゆく」話となります（警察官の安全確保もさることながら、お友達あるいはお友達候補さんの安全確保も当然、トップクラスの重要事です）。何故、友達の輪を広げようとするかは言うまでもありません。内偵捜査の一環として、お友達から生《ナマ》の情報を御提供いただくためです。お聴きしたいことは無数にあります。古野教の規模（現勢《ゲンセイ》）、組織図、指揮系統、各級幹部、各機能の責任者、内部派閥、年齢構成、活動拠点、日常の活動内容、活動の地理的範囲、説法《せっぽう》の内容、教義そのもの、「バイブル」、予算規模、資金源、具体的装備、そしてもちろん犯罪の計画……関心事は無数にあります。収穫すべき情報は無数にあり、よってお友達もおひとりでは普通、足りません。なおここで、〈収集〉機能を担っている警察官は、自分が収穫できた情報の選別や分析は行いません。農夫が自ら収穫した大根の評価をすることは、農園と農作物への自信と愛着からして客観性を欠くおそれがあるからです。

〈収集〉機能の2つめのスタイルは、推《お》しの追っ掛けです。「古野教」には教祖を始め複数の幹部がいることでしょう。警察との戦争を意識しているなら、非公然部隊すら存在するかも知れません。ともかくも「古野教」でキーパーソンとなっている信者さんは「推《お》し」として、〈収集〉機能を担っている警察官にとって情熱的な追っ掛けの対象となります。といって、アイドルさんの追っ掛けのごとく公然と、派手派手しく、自分を認知してもらうわけにはゆきません。むしろ真逆です。古野教と警察は戦争状態にある／戦争状態になるのですから、また〈収集〉機能というのは内偵捜査なのですから、「あなたを追っ掛けていますよ」「あなたに求愛していますよ」なる事実が敵方に露見したら大変です。いよいよ開戦というか戦闘開始になりかねません。よってこの追っ掛けをする〈収集〉担当の警察官は、それこそスパイ映画のスパイ、はたまた忍者・隠密《おんみつ》のごとく、完全密行・

完全秘匿《ひとく》で、完全に水面下において、機動力・擬態力《ぎたい》・土地勘《とちかん》・空間把握力・各種特殊技術・各種装備資器材を駆使して、「永遠に知られぬまま」「秘めやかな求愛活動」に従事します。これによって獲《え》られた推《お》しの具体的動静＋その積み重ねも、生《ナマ》の情報として収穫されるだけで、この時点では選別・分析の対象にはなりません。

〈**収集**〉機能の３つめにして最後のスタイルは、警察部内において古野教に求愛されている者（＝不穏な働き掛けを受けている警察職員）、そしてその求愛主体・求愛行為を見定めることです。敵もさる者引っ掻《か》く者。警察が考えることは敵も考えます。なにせ戦争状態にある／戦争状態になるのですから。よって警察が「友達の輪を広げる」「推《お》しの追っ掛けをする」のであれば、古野教とて同様のことを仕掛けてくるでしょう。無論それは、警察の中で友達警察官の輪を広げることであり、キーパーソン警察官の内緒内緒の追っ掛けをすることです。すると警察としては――古野教の手の内・思考パターンが読めるのですから――そのような撮《と》り鉄《てつ》的情熱にしかるべき対処をする必要が生じます。一言でいってしまえばそれは警察の組織防衛ですし、更に踏み込めば「いっそ警察側に誑《たら》してしまう」ことでもあります。仕掛けられている事実を正確に把握し、必要な防護措置・隔離《かくり》措置をとり、あわよくばさかしまに、カウンターとして調略《ちょうりゃく》を仕掛けることです。

——以上が、公安警察の3つの実務的機能のうち〈収集〉機能のあらましです。3つの機能の1つの内に、サブカテゴリがまた3つあることになります。

(3) 警備情報の整理（警備犯罪に関する情報の整理）

さて右の〈収集〉と並立する機能に、**〈分析〉**機能があります。法令上「整理」という用語が用いられていますが、実務的には〈分析〉という用語を用いるのが一般です。

この〈分析〉機能は、要は職人による素材の加工・製造という意味で第二次産業、シェフによる素材の料理と提供という意味で第三次産業です。端的《たんてき》には、右の〈収集〉の機能により収穫された数多《あまた》の生《ナマ》の素材を吟味《ぎんみ》・処理する機能です。

この機能を担当する警察官のイメージとしては、先のような忍者でも隠密《おんみつ》でもなく、そうですね……教授・研究者・グルメな料理評論家といったところでしょうか。なお、この〈分析〉機能も右の〈収集〉機能同様、あるいは後述する〈取締り〉機能同様、公安警察内でユニットとして独立しており、「機能特化・完全分業」のルールにしたがって動きます（警察署にあっては、人的制約から別論であることは既述《きじゅつ》のとおりです）。

さて生のジャガイモ、生の豚肉、生のフグは食べられません。それらは加工・調理を経て初めて咀嚼《そしゃく》できるものとなります。情報も一緒です。数多《あまた》、時に雑然と、時に文脈なく、時に断片的に収集されてくる生《ナマ》の情報は（＝〈収集〉機能が収穫してくる情報は）、そのままでは咀嚼《そしゃく》に耐えません。要は事件化《ジケンカ》＝取締りに使えません。しかし、情報の加工・処理を情報収集者に委ねるべきでないことは前述のとおりです。例えば、①自ら収穫した情報についてはより高値に見えてしまうとか、②経験則から勝手に行間を読んでしまうとか、③必ずしもその「真価」「効用」が判断できないとか、④過去の類似品と比較検討できないとか、⑤お友達との人間関係から目が眩《くら》むとか、そういった様々なバイアスがかかりますから……

よって、独立した情報の**〈分析〉**機能が重要となってきます。

この〈分析〉機能を担当する警察官は、重ねて忍者でも隠密《おんみつ》でもありません。警察本部のデスクに座しているいわば教授・研究者です。それらの警察官は、〈収集〉機能により陸続《りくぞく》と集まってくる生《ナマ》の素材を、自らの知識・経験・既存の情報等々から、また様々な角度・観点から、デスクでこつこつと〈分析〉してゆきます。これに必要な専門的技能はまさに大学教授レベルです（分野が極端に狭いですが）。「その道の第一人者」でなければ務めを果たせません。

そもそも分析すべき素材は既述《きじゅつ》のとおり、またもや古野教の場合だと、古野教の規模(現勢《ゲンセイ》)、組織図、指揮系統、各級幹部、各機能の責任者、内部派閥、年齢構成、活動拠点、日常の活動内容、活動の地理的範囲、説法《せっぽう》の内容、教義そのもの、「バイブル」、予算規模、資金源、具体的装備、そしてもちろん犯罪の計画……等々広範囲かつ多数にわたりますが、素材は飽くまで素材ゆえ、右のような系統だったかたちで収集されてくるわけではありません。喩《たと》えるなら、ジグソーパズルのピースのごときかたちで時々刻々《じじこくこく》と／間断なく／五月雨《さみだれ》式に収集されてきます。よって〈分析〉機能を担当する警察官は、ジグソーパズルがどうにか組み上がるよう、教授・研究者としての専門知識と実務経験によって、各ピースをじっくり解析しその在るべき位置を見定め、古野教の真の姿を浮き彫りにしようとします。言い換えれば、生の食材を調理して料理にし、いよいよ管理職や警察庁に食べてもらえるかたちにしようとします。

……こんな説明をすると、象牙《ぞうげ》の塔の浮世離れした学者センセイが「情報のための情報」「弾圧のための思想調査」に邁進《まいしん》していると、そうお感じになるかも知れませんが、しかし学者センセイと〈分析〉担当警察官の大きな違いは、目的意識の在り方です。〈分析〉担当警察官は極論、古野教の真の姿を浮き彫りにすることそれ自体を目的としてはいません。その興味関心はまさか学究的なものではなく――学究的な態度と知識経験は不可欠ですが――極めて実務的なもの／実績指向的なものです。すなわち、事件化《ジケンカ》という最大の目的に資することが〈分析〉担当警察官の目的であり本懐《ほんかい》です。〈分析〉担当警察官が素材を食べられるかたちに調理するのはひたすらに事件のため。我が国で唯一、犯罪捜査の権限を与えられた情報機関の一員として、右の例であれば古野教に物理的な波状攻撃をかけ、古野教を壊滅させるためです。

ここで、公安警察が担う機能は詰まるところ一定の**「犯罪の取締り」**であることを思い出してください。先に御説明した〈収集〉機能も、要は**内偵捜査**の一環であることを思い出してください。事情はこの〈分析〉機能についても全く同様です。すなわち〈分析〉機能を担当する警察官は、やはり内偵捜査の一環として、事件検挙に資するかたちで情報の整理・加工・解析・集約等々を行うのです（「事件に強い警備警察」。２１２頁参照）。

――とすれば、公安警察の３機能のうち、最後に重要となってくるのはいよいよ〈取締り〉となります。

(4)　警備犯罪の取締り

情報の収集と分析のよろしきを得《え》、いよいよ警備犯罪を行っていることが解った、いよいよ刑法なり○○○法違反なりで検挙できる状態にあることが解った――となれば、**〈取締り〉**機能の出番です。セクションとしていえば**〈事件係〉**の出番です。

さてしばしば申し上げていますが、我が国には２０００強の法律があり、うち多数が「罰則」を定めています。要は「□□□をした者は、△△△の刑に処する」という規定を設けています。そして公安警察が担当するのは法令上、**警備犯罪**＝ⅰ)国の公安に係る犯罪、ⅱ)国の利益に係る犯罪＋ⅲ)社会運動に伴う犯罪等なのでした。

これにもう一度注目していただくと、これらは犯罪の性質に着目した概念であって、殺人とか強盗とか放火とか、そうした具体的な罪種《ざいしゅ》に着目した概念ではないことが解ります。言い換えれば、甲《こう》罪だから公安警察担当、乙《おつ》罪だから公安警察担当……ということには基本、なりません（基本、と申し上げたのは、例えば内乱や外患誘致が公安警察の担当する犯罪であることは法令上自明だからです）。

よって法令上も実務上も、公安警察はそれが「警備犯罪」であるかぎり、あらゆる犯罪を担当しそれを取り締まります。それがⅰⅱⅲを例とする「警備犯罪」であるかぎり、暴行であろうが傷害であろうが建築基準法違反であろうが医師法違反であろうが道交法違反であろうが……あらゆる犯罪の取締りができますし取締りをします。

しかし、これを裏から言えば――

理論的には、公安警察の機能のうち〈取締り〉の機能は、我が国法律が規定するあらゆる罰則を適用できなければならないこととなります。実際、実務において「あらゆる法令を駆使して徹底した取締りを行う」なる決まり文句は、公安警察の警察官ならば耳胝《みみたこ》のテーゼであり呪いです。呪いなる言葉を使ったのは無論、「あらゆる法令を駆使すること」が物理的・技術的に困難極まるからです。

より実務に即して見てみましょう。〈収集〉が生の素材を調達し、〈分析〉が使える情報に仕上げる。使える情報の行く先は当然、**〈取締り〉**を担当する警察官です。その情報というのは無論、警備犯罪に関する情報だからです。

ところが……

ここで大抵、〈分析〉機能を担当する警察官と、〈取締り〉機能を担当する警察官とで、何時間いえ何日いえ時に月単位に及ぶ検討・討議をすることとなります。何故そうなるかと言えば、〈分析〉によって最終的なかたちに調理された情報を、今度は我が国に２００

0強ある法律と照らし合わせて検討する必要があるからです。端的《たんてき》には、「その情報は結局どの罰則の適用に結び付くのか？」「その情報によって結局何罪《なにざい》に問えるのか？」という深刻な検討が不可避となります。

ここで、〈分析〉機能を担当する警察官は情報の真偽・正確さに責任を負いますが、事《ジ》件化《ケンカ》のプロではありません。その正確な真実を、事件の世界の考え方・事件の世界の言葉に翻訳するのは〈取締り〉機能を担当する警察官です。よってこの段階では、〈取締り〉機能を担当する警察官が、どれだけ「あらゆる法令を駆使してどうにか引っ掛ける／物にする」技能を有するかが肝《キモ》になります。それは犯罪捜査の専門技能と法令適用の専門技能であって、〈収集〉〈分析〉とはまるで違う職人スキルです。要は世に言う「刑事」のスキルです。

ところが、例えば刑事なら基本、刑法犯をやっていればよいというアドバンテージがありますが、右の場合は「あらゆる法令」を使ってよいし使わなければならないので、よって、古野教の教団あるいは信者の具体的行為A、B、C、D……Z等々について、

「こんなデタラメは絶対何かに違反している行為なんだが、具体的にはどの法律の何の違反に問えるんだ？」

「この行為は○○○法違反に該当するのか？」

「検挙例は？　判例は？」「解釈本は何て言ってる？」

「生活安全部門の教えも乞《こ》うてくるか……あちらは特別法犯のプロだしな」

「ここ絶対検事にツッコまれそうなポイントだよなぁ」

「証拠の組立てがまだ弱い」「この証言が崩れたら事件の構図が引っ繰り返る」

「○○○法違反のようにも思えるし×××法違反のようにも思える、下手《へた》したらどっちも成立しなかったり……」


等々の、緻密《ちみつ》で深刻な検討が不可避です。あらゆる武器を行使しうるということは、詰まる所、最も適切な武器を数多《あまた》の武器の中から選ばなければならないということですから、そこでは戦争屋の＝事件係の実戦的嗅覚《きゅうかく》が甚《はなは》だ問われることになるのです。

人間関係のよしあしは別論として、自分の精査した情報を是非《ぜひ》とも事件につなげたい〈分析〉と、最終的には警察本部長にも検事にも裁判官にも話を通さなければならない――まして納得してもらわなければならない――〈取締り〉との関係は、ある意味「申請者」と「査定者」になります。その協議は、重ねて人間関係のよしあしは別論として、極めて専門的かつシビアなものとなります。どちらにも悪意はありませんが、事《こと》は戦争です

から、ギリギリ詰めずに適当に流した仕事をすると、結果

「検事を説得できなかった」「検事に起訴しないと言われた」

「裁判官に令状請求を却下された」

「ガサを掛けたら蛻《もぬけ》の殻《から》だった」「討ち入りしたとき教祖はもう逃げていた」

「そもそも罰則の適用が誤りだった」「刑訴法の手続を敵の目の前でミスった」

等々の、職業人生を危うくする悲惨な事態を招きかねません。いえそればかりか、右の例だと古野教の「総力を挙げた反撃」を食らうこと必定《ひつじょう》です。要は敗戦必定です。直接打撃とその波状攻撃によって教団を壊滅させるなど夢のまた夢、御伽噺《おとぎばなし》となります。よって、事件係はその職人としての誇りに懸け、適法・適正・妥当な「事件の仕上げ」に邁進《まいしん》します（＝内偵捜査のステージを終了させ、強制捜査に移行させる）。

そして無論、強制捜査が――例えば古野教総本部への討ち入りなど――成功すれば、それは大々的なガサが成功したということですから、古野教が秘匿《ひとく》してきた膨大な関連資料が、適法妥当かつ網羅的《もうらてき》なかたちで差押えできます（ガサの場所的範囲や物的範囲を裁判官とネゴシエーションするのも、事件係の警察官の超重要なタスクです）。差押えてきたブツは、これすなわち喉から手が出るほど欲しかった貴重なおたから。加えて当然、事がガサ

だけで終わるはずもなし。あわよくば教祖を、でなくとも幹部クラスを、裁判官が認めてくれれば複数人逮捕します。これすなわち、喉から手が出るほど欲しかった貴重な証人。よって押収資料と被疑者はいずれも、要は「新たな情報」として、徹底的な解析の対象となるほか、新たな情報収集項目のピックアップ・情報収集項目の洗練に用いられます。詰まる所、**事件をやれば情報も**また**富む**。**事件をやれば情報ももっととれる**。このスパイラル、すなわち〈収集〉〈分析〉それぞれへのフィードバックが富む。**事件をやれば情報もまた富む**。このスパイラル、すなわち〈収集〉↓〈分析〉↓〈取締り〉↓〈収集〉↓〈分析〉↓〈取締り〉↓〈収集〉……という**公安警察３機能のスパイラル**によって、どんどんどん指し筋を強烈にして、最終的には古野教の壊滅を実現する。このスパイラルこそ公安警察の機能の本質です。これまで「情報のための情報には意味がない」「お勉強としての思想調査には意味がない」「事件に強い警備警察」なる言葉を御紹介してきましたが、それは無論、この本質に由来しています。

なお、実際の事件において古野教の総本部に討ち入りを掛けガサを実施したり、教祖・信者を逮捕したり取調べをしたりするのはこの事件係――〈取締り〉機能を担当する警察官たちですので、事件係の警察官は、公安警察内で最も公然性の高い警察官となります（程度問題ではありますが）。意外に、刑事警察や生活安全警察との人事交流も盛んです。

(5)〈収集〉〈分析〉〈取締り〉に関連する機能

公安警察の実務的機能の御紹介の最後に、〈実施《ジッシ》〉機能について付言《ふげん》します。

既に見たとおり、〈実施《ジッシ》〉機能は公安警察の機能ではありません。この本でいう「広義《こうぎ》の警備警察」の機能で（98頁参照）、部局《セクシヨン》としては公安警察とともに「警備部門」を構成するものです。その主たる機能は警備実施、特に本書の観点からは治安警備実施です。イメージとしては、機動隊が極左《キヨクサ》のデモ隊と肉弾的に対峙《たいじ》している様子を御想像ください。

これは、公安警察の3機能とどう関係するのか。

――前節では、収集↓分析↓取締り、という機能的流れを概観しました。これは要は内偵捜査のプロセスで、だからこそ最後に事件係が出てくるわけです。

しかしながら、警察が対処すべき国の公安に係る犯罪は、そのすべてが内偵捜査のプロセスに馴染《なじ》むものではありません。例えば内乱、例えば騒乱、例えば暴力的デモが既にして現実のものとなっているとき、もう内偵捜査も何もありません。既にして銀行強盗が発生している場合と同様に、すぐさま事案に対処しなければなりません。

このとき、①事件係をして刑事さんのように現場臨場させ現行犯逮捕等をさせる――というパターンを踏めることもあれば、②いや事件係の臨場すら困難であるほど現場が混乱と無秩序を極めている――というパターンに陥っていることもあります。①は公安警察の〈取締り〉機能によって対処できる場合、②は公安警察の〈取締り〉機能によっては対処しかねる場合です。といって、警察として指を咥《くわ》えて傍観しているわけにはゆきません。

ここで、同じ警備部門の機動隊が活躍します。要は**〈実施《ジッシ》〉**の専門部隊の出番です。〈実施《ジッシ》〉なかんずく治安警備実施の機能は、実力をもって公共の安全と秩序を維持すること、実力をもってその妨害を排除することです。有事《ゆうじ》特化の機能です。そして機動隊のこの実力行使は、法的性質としては現行犯罪の「制止」行為です（日常語でいう「鎮圧」）。ここで無論、機動隊員も警察官ですから、現行犯を検挙しようと思えば「逮捕」ができます。ただ具体的状況と法令に照らし、とても「逮捕」の手段によっては公共の安全と秩序が維持できないときは――圧倒的多数の暴徒が街区全域で暴れ回っているなど――敢えて逮捕を選択せず、そのまま「制止」「排除」することも適法です（判例）。またいったん「制止」「排除」した上で、その後に逮捕を選択することも適法です。

詰まる所、機動隊による〈実施《ジッシ》〉機能は、

①公安警察の〈取締り〉機能が十分に働かないとき／働けないとき、それに代わって「最後の仕上げ」をするか

②公安警察の〈取締り〉機能がなお働くとき、それを支援しそれと協働して「最後の仕上げ」をする

機能となります。

ただ、すぐれて公安警察の観点からすれば、①のようなド派手な事態については、〈収集〉〈分析〉〈取締り〉の3機能によって「未然防止」をすることこそ本懐《ほんかい》です。ド派手な事態を引き起こされる前に、事件を掘り起こしてこちらから先制攻撃・討ち入りをし、けしからん試みを封圧《ふうあつ》することこそ本懐です。そもそも騒乱レベルの大規模デモ等の事前情報が獲《え》られなかったなど、職業人生にかかわります……いえもっともっと大切な、数多《あまた》の無辜《むこ》の市民の生命・身体・財産にかかわります。

「やられてからでは遅い」のですし（60頁参照）、「後の祭り」は絶対に許されません。とまれ、機動隊が「治安の最後の砦《とりで》」と呼ばれるのは右のような文脈においてです。

以上、実務から見た公安警察の3機能＋1について概観しました。

まとめますと、3機能の関係は【図-7】のようになり、またそれらに時間軸を足したものは――3機能を長期的スパンで見たときのイメージは、【図-8】のようになります。

【図 - 7】〈収集〉〈分析〉〈取締り〉の関係

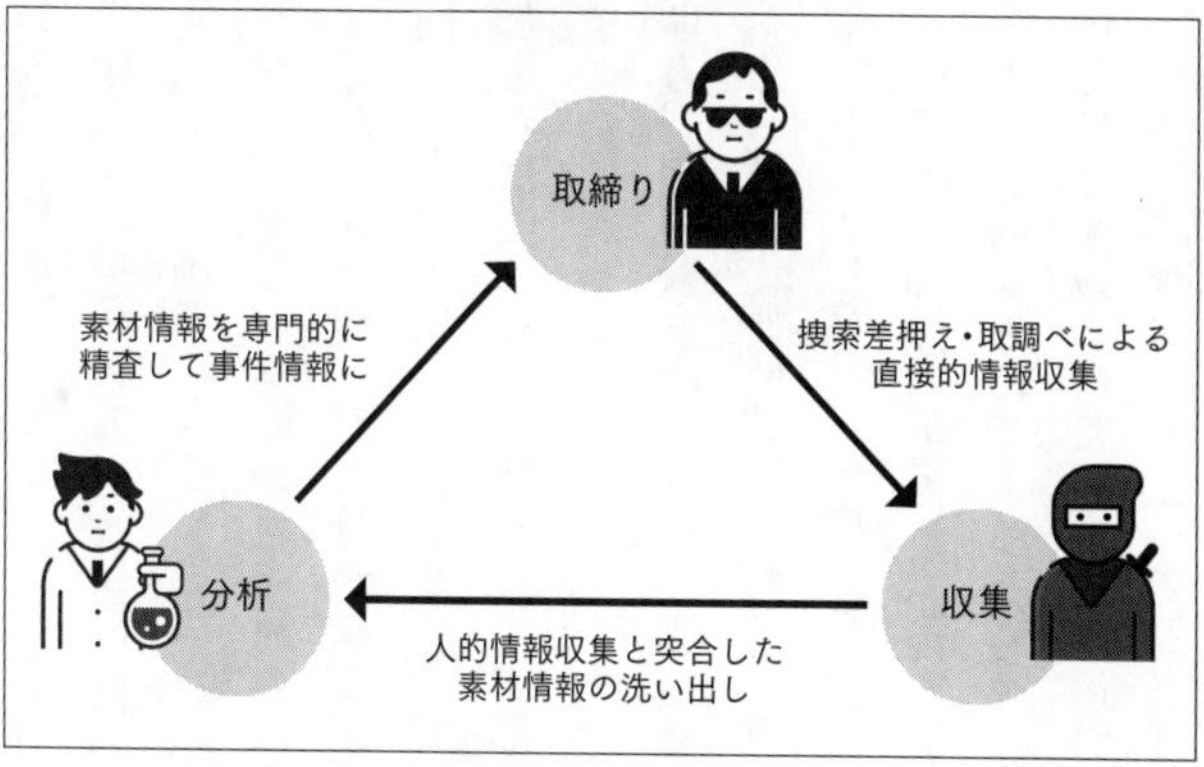

公安警察の予算

公安警察の実務に関するトピックの最後として、公安警察の予算を採《と》り上げます。

247頁【図 - 9】を御覧ください。

(1) 我が国予算と警察予算のあらまし

まず大前提として、我が国の——我が国全体の予算規模は約107・6兆円です（一般会計歳出総額。令和4年度予算）。また、国の警察庁の予算規模は約3149億円です（令和3年度最終補正後）。念《ねん》の為《ため》ですが、数字や桁《けた》の打ち間違いではありません……なお御参考までに、都道府県警察全体の予算規模は約3兆3700億円です（同）。

ともかくも、警察予算にあっては、国の予算と都道府県警察の予算が別立てで存在することが解りますね。これは我が国警察が、国の責任で確保すべき予算と、都道府県の責任で確保すべき予算を分けて考えているからです(=いわゆる〈国費《コクヒ》〉と〈県費《ケンピ》〉)。

しかしながら、実際の所を見れば、都道府県の責任で確保すべき予算というのはそのほとんどが「人件費」だと分かります。具体的な数字をお示しすれば、先の約3兆3700億円のうち、実に約2兆7000億円、80・1%が人件費です(同)。これに「施設費」を加えれば優に85%を超えます。都道府県警察の予算の8割方《わりがた》以上は人件費・施設費なのです。

他方、国の警察庁予算の内訳を見ると、これまた「人件費」が約942億円で約30%、「装備・通信・施設費」が約750億円で約24%となっており、また、都道府県に出す「補助金」が約668億円で約21%ですから(同)、少なくとも約55%が人件費・施設費。都道府県への補助金も自分が使うわけでない固定的なものと考えれば(仕送り?)、約75%が固定費的なものであると考えることができます(いささかの乱暴さは御容赦《ごようしゃ》ください)。

取り敢えず以上のことをまとめれば、

①都道府県は主として警察官の人件費を負担している(だから予算規模が大きい)

【図-8】公安警察の機能

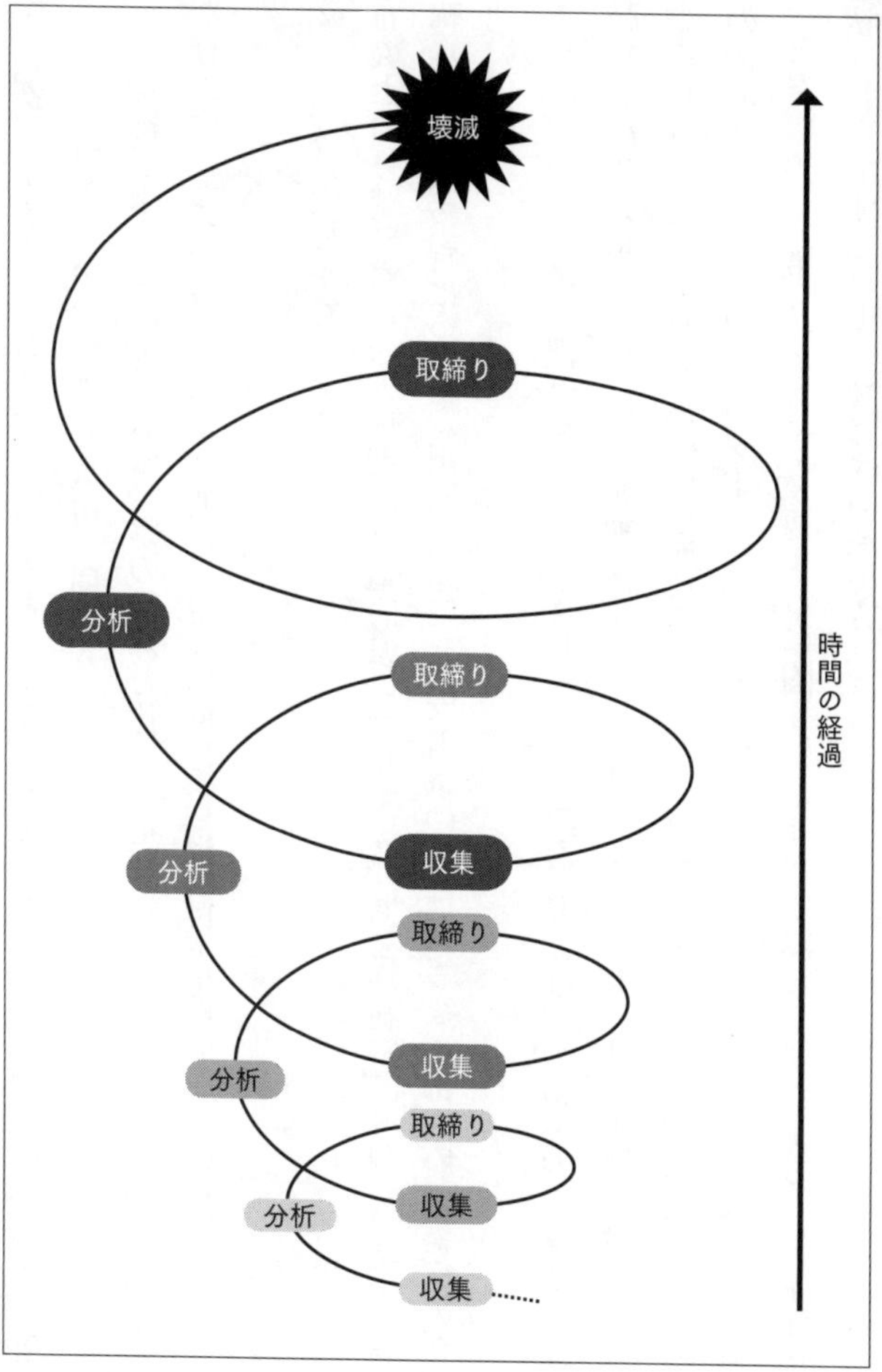

②警察庁が固定費的なもの以外として確保している予算は、警察庁予算の約25％に過ぎない（約788億円、同）

③警察庁予算は都道府県警察の予算と比べて格別に規模が小さい（10分の1未満）となります（なお、警察庁予算は他の省庁と比較しても格別に小規模です。後述）。

(2) 公安警察の予算のあらまし

右のとおり、警察官の人件費は都道府県の負担ですから（正確に言えば、うち0・2%、警視正以上の警察官については国の負担）、公安警察の人件費もまた都道府県警察の負担です。

それに加え、本書で縷々《るる》検討してきましたが、**公安警察**とはi)国の公安に係る犯罪＋ii)国の利益に係る犯罪＋iii)社会運動に伴う犯罪等（の情報と取締り）を取り扱う警察でした。これらの文言からして既に自明ですが、念《ねん》の為《ため》法令を引けば、「国の公安に係る犯罪その他特殊の犯罪の捜査に要する経費」は国費《コクヒ》、国庫《コッコ》支弁《シベン》です（警察法第37条第1項第8号、警察法施行令第2条第8号）。要するに国＝警察庁が予算として計上し、警察庁が直接支払うお金です。補助金ではありません。

すると、公安警察の予算——捜査費その他の活動費等（人件費を除きます）については、警察庁予算を詳しく調べれば分かることとなり、またアバウトな感覚として、それは先の②で触れた約788億円＝警察庁予算の約25％を、更に割り込むものだと解ります。

さて実際の所を見れば——

【図－9】警察の予算（令和3年度）

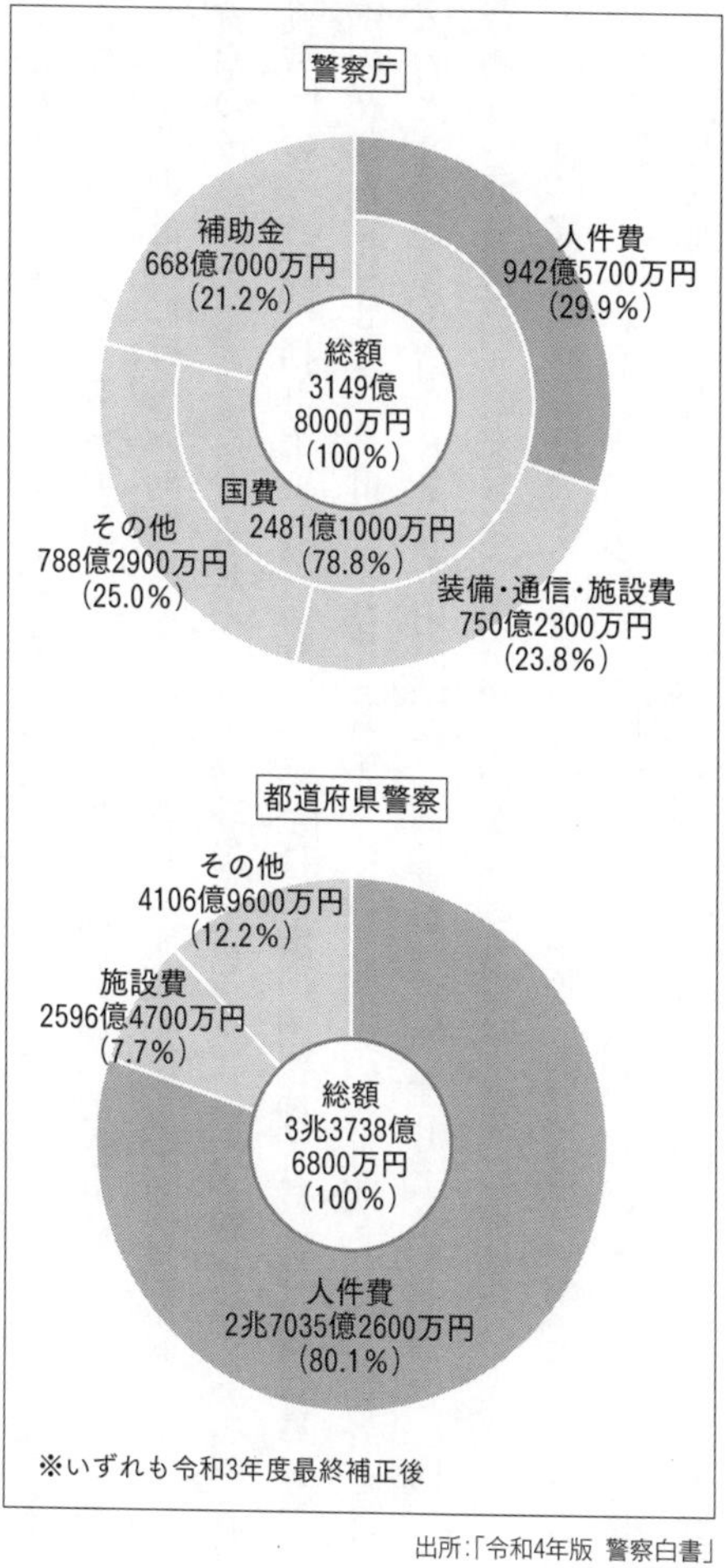

出所：「令和4年版 警察白書」

警察庁が計上している「警備警察費」なる予算が、100億円前後です。直近の数字で見れば、約97億2058万円です（令和4年度内閣府所管一般会計歳出予算各目《かくもく》明細書）。ただ予算の計上には役人的癖《くせ》があるので、右が必ずしも法令上の警備警察≒実務上の公安警察の予算の全てではありません。例えば警察予算では、「捜査費」が「警察活動基盤整備費」のうちに一括計上されており——ゆえに警察の国費《コクヒ》捜査費については、警察の全部門の総額が独立して一括計上されており——その部門別内訳は明らかではありません。具体的には、約31億2870万円の国費《コクヒ》「捜査費」が別途計上されていて（同）、そのうち幾らが警備警察≒公安警察の捜査費なのかは直ちには分かりません。

複数の府県警察で帳簿をつけ、あるいは会計検査を受けた私の経験論でよろしければ、私が公安警察の指揮官として勤務した府県警察におけるイメージでは——情勢・時代によって、また都道府県の別によってとても大きく異なることを大前提として——いずれも国《コク》費《ヒ》捜査費の半分あるいは11分の6が警備警察の国費《コクヒ》捜査費、もう半分あるいは11分の5が他の警察の（生安警察＋刑事警察＋交通警察の）国費《コクヒ》捜査費でした。仮に時代・情勢の変化等が無視でき、この割合を今現在の全国の国費《コクヒ》捜査費約31億2870万円に適用できるとすれば、警備警察の取り分は約17億円、他の警察の取り分が約14億円になります。すると、先の「警備警察費」と右の「国費捜査費の警備警察の取り分」とを合算して、約114億2058万円が捜査費を含んだ警備警察≒公安警察の予算、と雑駁《ざっぱく》に考えることもできるでしょう。

無論、例えば「警察活動基盤整備費」のように一括計上されている予算項目は他にもあるでしょうから、逐一《ちくいち》計算してゆくことは不可能ですし実態に合うともかぎりません。よって本書では細かい議論を省略し、右の約97億2058万円又は約114億2058万円なる数字を「公安警察が確保している割合のめやす」「公安警察が確保している比率のめやす」としてザクッと用いることとします。

さて、そうすると――

この予算規模をどう評価すべきか。多いのか少ないのか。適正なのかそうでないのか。それを検討するため、この予算規模を他の専務《センム》すなわち「生活安全部門」「刑事部門」「交通部門」「刑事部門」と比較すれば、同じ令和4年度の数字で、

【警察各部門の予算規模】

生活安全警察費……約2億2350万円
刑事警察費……約2億4215万円

交通警察費…………約173億6897万円

となります（同）。

単純比較すると、①交通警察費が突出していて生安《セイアン》・刑事がほぼ平等、②その生安《セイアン》に比し警備警察費は約49倍、③刑事に比しても警備警察費は同様の比率を確保している、と読めます。

(3) 警察予算の特殊性

しかしながら、右は予算書のマジックであり国費《コクヒ》・県費《ケンピ》のマジックです。

――取り敢えずカンタンなものから見ておくと、交通警察費が突出しているのは当然の道理です。交通部門はこの約173億円云々《うんぬん》のうち、実に約171億6720万円を都道府県への補助金として出しています。その実態は交通管制センター、信号機、車両感知器、交通情報板、道路標識、道路標示といった「交通安全施設」の整備に対する補助金です。要はある種の「インフラ」整備です。インフラ整備に多額の予算が……補助金ですが……必要なのは当然です。するとこれには謎も不思議もない。

謎と不思議は、警備警察費が生活安全警察費・刑事警察費の約49倍の規模となっていることです。この数字だけを読めば、成程《なるほど》公安警察というのは桁違《けたちが》いの予算を確保しているものだなあ、と言えましょう。

ただここで思い出してください。「国の公安に係る犯罪その他特殊の犯罪の捜査に要する経費」は国費《コクヒ》、国庫支弁《コッコシベン》です。すなわち公安警察の〈収集〉〈分析〉〈取締り〉の諸《しょ》活動は——これらの本質は犯罪捜査でしたね——ルールとして国の負担となります。右の犯罪捜査をするかぎり、都道府県の負担はありません。だからこれについては、248頁・249頁の約97億円云々《うんぬん》なり約114億円云々《うんぬん》をそのまま信じていい。

ところが……

生安《セイアン》・刑事・交通の各部門の活動にあっては、まさか全額国費《コクヒ》、全額国庫支弁《コッコシベン》ではありません。国費《コクヒ》と県費《ケンピ》が入り混じります。それも物の道理です。何故と言って、例えば殺人事件の捜査を考えても、銀行強盗の捜査を考えても、風営法《ふうえいほう》違反の捜査を考えても、ストーカー規制法違反の捜査を考えても、道交法違反の捜査等々を考えても、そのうち多数は、一《いち》地方の安全と秩序を維持するための犯罪捜査……大きくとらえても、一《いち》都道府県内の安全と秩序を維持するための犯罪捜査だからです。必ずしも全国波及性のない犯罪捜査です（なお当然のことですが、犯罪捜査に貴賤《きせん》はありません。国の公安を維持するための犯罪捜査が高尚で、一《いち》地方や一《いち》都道府県の安全を維持するための犯罪捜査が卑近なものだ、などと考える警察官はいませんし、そんな命題は法令上も実務上も完全に誤りです）。

ともかくも、テロ・ゲリラ・暴力主義的破壊活動・無差別大量殺人行為のような、そんな「国の公安に係る犯罪その他特殊の犯罪」の捜査＝全国波及性のある犯罪捜査＝国がその責任を負うべき犯罪捜査は、こと生安《セイアン》部門と刑事部門について見れば、割合的に大きいとは言えません（だからこそ我が国は都道府県警察制度を採用し、都道府県内の犯罪捜査等についてはその責任を都道府県自身に負わせているわけです。さもなくば全て国家警察にすべきという話になります）。

生安《セイアン》警察・刑事警察・交通警察は、公安警察に比し、地域社会と地域住民とにより密着した活動を展開しており、だから国がお金を出す割合が少なく、だから国の予算としては少額になると、単純化すればこうなります。換言《かんげん》すれば、生安《セイアン》警察・刑事警察・交通警察の予算にあっては、都道府県自身が負担すべき部分が多々あるため、国の予算たる「生活安全警察費」「刑事警察費」「交通警察費」を読んだだけでは、その全体像が分からないのです。

ここでまた、複数の府県警察で帳簿をつけ、あるいは会計検査を受けた私の経験論でよろしければ、私が公安警察の指揮官として勤務した府県警察におけるイメージでは――やはり情勢・時代によって、また都道府県の別によってとても大きく異なることを大前提として――次のことが指摘できます（重ねて一《いち》時代一《いち》地方におけるメモ的経験論です）。

【各専務《センム》の捜査費における国費《コクヒ》と県費《ケンピ》の割合】

①生安《セイアン》警察……国費１　対　県費１・２
②刑事警察……国費１　対　県費２・２
③交通警察……国費１　対　県費０・１

【各専務《センム》の全捜査費の割合（国費＋県費）】※警備警察＝１００としたとき

①生安《セイアン》警察……１７
②刑事警察……３３
③交通警察……３

経験と記憶に基づく数字で申し訳ないのですが、更に私は交通捜査の経験が皆無《かいむ》なので交通警察についてはコメントできないことも申し訳ないのですが、以上から、①やはり生《セイ》安《アン》警察・刑事警察においては県費《ケンピ》の占める割合がより大きいこと、②各専務《センム》のうち最も捜査費を配分されているのは刑事警察であること、③刑事警察の捜査費は警備警察のそれを大きく上回ること——が解ります。なおこれも一地方《いち》一時代《いち》の記憶等に基づいて付言《ふげん》すれば、その刑事警察の国費《コクヒ》捜査費は、警備警察の国費《コクヒ》捜査費の約73％にせまりました（今は／他県は知りません）。

といって、これらも道理です。警察で最も活発に捜査活動をし／捜査活動をしなければならないのは無論、刑事警察でしょうから。警備警察の捜査費等を余裕で上回るのも当然です……警察予算は例えばこのように、制度と情勢と実務と役割の中で実情を見ながら分析してゆく必要があり、よって一口《ひとくち》に「約97億円」「約114億円」といっても、それだけではほとんど何も物語ってくれないのが実状です。あとできるのは、絶対値として他の「物の値段」あれこれと比較することでしょうか。

⑷　予算規模の比較——公安警察機能と他の機能

恥ずかしながら私は、警察官人生・作家人生を通じて億を稼いだことがありませんので、百万円を超える金額は、リアルなものとしてイメージできません。「警備警察費」約97億円（あるいは捜査費を勘案して約114億円）とくればなおさらです。

そこで、この約97億円／約114億円を他の「物の値段」と比較してみると……適当に、思い付くまま抽出したサンプルは次のとおりです（数字は全て概数）。

新型イージス艦「あたご」の建造単価　１４７５億円
旅客機「ボーイング７４７・８」のカタログ価格（平成29年）　４１７億円
ＪＲ東海「Ｎ７００系」16両１編成の推計価格（令和３年）　４０億円
ＫＡＤＯＫＡＷＡの営業利益（令和３年４月～令和４年３月）　１８５億円
講談社の年度売上高《うりあげだか》（令和２年12月～令和３年11月）　１７０８億円
対インドネシア円借款《えんしやつかん》（令和２年度）　１０００億円
私の生まれ故郷の某《ぼう》市の予算（人口18万人、令和４年度）　６９５億円
警視庁の人件費（４万６５０１人、令和３年度）　５１７４億円
東京消防庁の予算（23区25市３町１村担当、令和３年度）　２５１１億円
公安調査庁の予算（令和２年度当初・法務省一般会計）　１５４億円
経済産業省の予算（令和４年度・当初）　１兆２２５７億円
国土交通省の予算（令和元年・当初）　６兆８６１０億円

……だから何だ、と言われてしまいそうな締めですが、テロ・ゲリラ・暴力主義的破壊活動・無差別大量殺人行為等の内偵捜査＋強制捜査に要する費用約９７億円／約１１４億

円は、近時の内外情勢に鑑《かんが》みても、また人件費が別枠だとしても、過大なものとは言えないと感じます。

第6章　とある公安事件のリアリティライン

市民にとって謎多き「公安事件」について、ひとつの例を採り上げ、そのリアルあるいは創作時のリアリティラインを、インタビューとして取りまとめた。

失業保険金を詐取

○○○○○X県支部など捜索

X県警警備第一課などは十四日、○○○○○の構成員（三三）が、失業保険金をだまし取ったとして、詐欺の疑いで○○○○○X県支部など県内五カ所を捜索した。容疑が固まり次第、この構成員を逮捕する。

調べでは、この構成員は昨年五月から九月にかけ、x市内の会社に勤務し、収入を得ていたにもかかわらず、公共職業安定所で失業認定申告書を提出。四回にわたり九十日分の雇用保険の失業給付金計四十万八千二百円を本人名義の口座に振り込ませ、だまし取った疑い。

○○○○○の構成員による失業給付金の不正受給事件は東京や大阪でも摘発されて

おり、X県警は、○○○○○本部が指示した組織的な詐欺事件の可能性もあるとみて全容解明を急いでいる。県警によると、県内には約五十人の構成員がいるという。
（実際の新聞報道を元に名称・数値等を変更し、架空の例とした）

公安事件の特色

編集　なんとまぁ用心深くも、右の事件は架空の例とのことですが、実際の、元になった事件というのは……

著者　これはもう20年以上も昔になりますか、私がそのX県警察で、右の記事でいう警備第一課の課長として、自ら手掛けた事件です。

編集　公安事件として、ですね？

著者　はい、実務では「警備事件」と呼びますが。あと○○○○○は無論、相手方さんの名称です。

編集　事件は、詐欺事件ですね。詐欺は刑事さんがやるものだと思っていましたが……？

著者　警備警察はあらゆる法令を駆使して事件化を図ります。そのうちには無論、普通なら刑事さんの領分である刑法も含まれます。警備と組対《ソタイ》は事実上、「罪名割り」でなく「対象割り」で事件を取り扱いますから。

編集　X県警での任期はどれくらいでしたか？

著者　概《おおむ》ね2年でした。

編集　約2年で、こうした警備事件を何件ほど立件できたのでしょうか？

著者　警備事件にもいろいろありますが……警察にとってもまるで予想外だった偶発的な傷害とか、捜査コストが比較的抑えられる免状不実記載《めんじょうふじつきさい》あるいは外国マフィアによる入管法違反とか、そういったものでない、しっかり体制を確立してじっくり内偵捜査をして、時が来たら一気呵成《いっきかせい》に大規模ガサを掛ける、討ち入りをする、そうした警備事件ということでしたらこの1件だけです。それだけでも、途方もないコストと苦難とがあります。

編集　えっ、納税者としては意外で残念な感じも受けますが、「県内五カ所を捜索」するような大規模な警備事件は、2年に一度程度なんですか……

著者　いえ、もっと意外で残念な感じになってしまいそうですが……実はそれより稀《まれ》です。というのも私がこのX県警察に着任した時点で、X県警察は2年以上、こうした警備事件をやっていなかったので。それゆえ私は着任したその当日、「お前のところはもう2年も警備事件をやってないぞ!!」と警察庁に激怒されました。着任したその当日にです。以降そのような御指導はほぼ毎日、警察電話で頂戴しました。毎日胃が痛かったなあ……

結果、私が着任してから1年3箇月と20日で——ほんとうによく記憶しています——どうにか右の報道のとおり着手できましたので、往時のこのX県警察の例でいえば、「3年4箇月弱でようやく1件」となりましょうか。といって、私が約2年の任期を終えるまで、また同様の警備事件を手掛けることはできなかったので、結局は「4年で1件」といった相場観でしょう。無論、警視庁なり大阪府警察なり、横綱級はまるで相場観が異なりますが。そっちはバケモノ。

編集　何故そんなに時間が掛かるのでしょうか？　ちょっと掛かりすぎでは？

著者　しかしですね……待っていれば向こうからやってくる「発生モノ」はまず期待できませんので、内偵捜査をして事件ネタを掘り下げて証拠をガチガチに固める必要があるんです。これが戦争である以上、失敗は職業人としての死に近いものがありますし……死とは言わないまでも、捜査ミス・捜査のキズがあれば、警察庁に呼び出されて最低でも4時間5時間の、その、まあ、査問めいた反省検討会が開催されますし。いえそれだけで終わるならまだしも、相手方《あいてかた》さんから法廷闘争を挑まれるリスクさえ極めて大きい。要は戦争である以上、「間違えましたスミマセン」は絶対に許されません。そうした意味で、水も漏らさぬ捜査、水も漏らさぬ証拠固め、水も漏らさぬ保秘《ホヒ》が求められます。実際、私の例でいえば「仕込みは1年3箇月と19日、討ち入りは1日」となります。

編集 着任早々、捜査の指示をなさったと思いますが、捜査の具体的な始まりというのはどんな感じですか？　キャリアっぽく雛壇《ひなだん》から大演説したり？

著者 まさか。日々の決裁を通じてコメントしたり、警視・警部クラスと個々に相談したり、あるいは皆で集まって検討会をしたり。出版社さんその他の普通の民間企業と同じ感じで、淡々と会議をします。雛壇《ひなだん》から……そんなもの日常的には無いですし無意味です。

担当さん（たち）が編集長・部長・局長と意思決定をするスタイルと全然変わらないと思いますよ。事件事件といったところで、結局は社内プロジェクトの遂行ですから。

編集 でもキャリアの指揮官だったら、それは尻を叩くし檄《げき》を飛ばすでしょう。

著者 そういう猛将タイプもいないことはないですが、私としては、別に尻を叩いて檄を飛ばしたところで事件ネタが拾える訳でなし。まして、部下とは一箇月も過ごせば家族みたいなもんですから。気持ちよくやってもらうことが一番。何気に雰囲気が最も大事です。

編集　公安事件を検挙しようとするとき、部下の方にどのようなことを命じますか？

著者　総論としては「あらゆる法令を駆使しよう」に尽きますが……今の例だと、私が着任する日以前も、少なくとも2年は課員たちが頑張ってくれていますから、①地域社会における一定の噂、②相手方《あいてかた》さんに係る風評・風聞、③架電《かでん》等による警察への通報・相談、④いわゆる地元の名士さん等からの打ち明け話、⑤あるいは継続的に情報を提供してくれる方《かた》からの具体的情報といった、捜査の端緒《たんちょ》＝捜査のキッカケは既に存在します。ただ、それら全てをコツコツと掘り下げて、具体的に刑法なり特別法なりが適用できるかたちに仕上げる必要があります。その過程で、ほとんどの端緒《たんちょ》は、まあその……討ち死にします。それはそうです。これは戦争ですから、相手方《あいてかた》さんも必死です。そうカンタンに事件として組み立てられるネタをバラ撒《ま》いてくれるはずもありません。同時並行で①～⑤を精査してゆきますが、9割方のネタは、いえ9割9分のネタは「事件化に至らない」「罰則を適用できない」「どんな法令にも引っ掛からない」こととなります。結果として徒労に終わる裏付け捜査が、実に多い。

編集　そうすると、右のような検挙に至るまでには、検挙に至らなかったたくさんの情報があるというわけですね？

著者　御指摘のとおりです。しかし、捜査コストを投じてそれら全てを掘り下げてみないことには、「駄目なのかできるのか分からない」。本当は法令を適正に運用すれば検挙できたのに、それをみすみす、おざなりな裏付け捜査で無視してしまったとあらば、警察庁が激怒するのはともかく、県民・国民の負託《ふたく》に応えていないことになりますから。要は税金泥棒ですから。ゆえに、当初から荒唐無稽《こうとうむけい》なガセと分かる情報や、当初からどう考えても犯罪にならないという情報を除き、あらゆる①～⑤を総当たり・虱潰《しらみつぶ》しで捜査してゆかなければならない。私、今は無関係な一般人なので言えますが、これは本当に気の遠くなる、賽《さい》の河原《かわら》で石を積み上げるような、砂の城を建てては波に流されるような、とても苦しいプロセスです。そして警察においては結果が全て。過程は評価されません。それも当然です。納税者がお求めになっているのは結果ですから。

編集　とても地道な仕事なんですね。だから古野さんの作家人生も……

著者　まあ、どっちも少なくともスパイ小説にあるような華やかさや外連《ケレン》とはまるで無縁です。ですので、公安事件捜査についていえば、指揮官自身もそうですが、部下職員のメンタルにも大いに配慮する必要があります。実際、「これも駄目だった」「あれも駄目だった」「全部駄目だった」「ふりだしにもどる」という局面がほんとうに多々ありますから……出版社さんに喩《たと》えれば、「これも爆死だった」「これも重版しなかった」「今年はヒット作がなかった」等の先の見えない繰り返し……うわ恐い、改めて恐い。確かに当時を思い起こせば、寝ても覚めても事件事件、事件のことばかり考えていました。警察庁は怒る、警察本部長は怒る……

編集　でも右の例だと、最終的には「詐欺」が立件できたと。

著者　そうです。最初に端緒《たんちょ》情報があり、それをコツコツと掘り下げていった結果、どうにか客観証拠を押さえることができた。それを持ってきてくれた部下の顔、そのときの私のよろこびは今でも忘れられません。もっとも、それはそれで、いよいよ検事さんも納得するだけの証拠をもっと積み上げるとか、検事さんが公判で勝てるだけの組立てをしっかり整えるとか、あるいは、最終的に逮捕・捜索といった物理的打撃を与えるための諸計画を立案するとか、そうした「ホンモノだったからこそ発生する無数の宿題」に追われる激務の日々のはじまりなのですが。

事件捜査の実際

編集　そうした事件捜査には、何人の公安警察官が従事するのですか？　警察ドラマの捜査本部みたいに、一〇〇人ほど？

著者　いやいや、まさかまさか。昔々の、このX県警察について言えば――20年以上も過ぎれば組織自体が激変しているでしょうが――事件に専従できる部下の警察官というなら6人でした。この少なさには、着任時にビックリした記憶があります。もっとも、警備事件をやる、よい警備事件をやるというのはトップクラスの重要性があるミッションですから、状況の変化に応じて更に6人を別の係から投入したりします。更に言えば、いよいよ捜査を本格的に加速するとなれば捜査本部を立てますので、頑張って20人以上を捻出して、この大所帯《おおじよたい》がまるっと隠れられる拠点をも用意して、専従のプロジェクトチームを編制します。

なお、警備事件について言えば、各警察署長の御理解を得て、各警察署の警備課員にも動いてもらいます。これは端緒《たんちよ》を精査する段階でもそうですし、捜査本部を立てる段階でもそうです。存外、警察署の警備課員に動いてもらうことについては、警備部門以外の御出身の署長の方《ほう》が御理解がある。同じ警備部門出身の署長だと、お互いの懐《ふところ》事情・手の内を熟知していますから、お人柄にもよりますが、まあ、人出しをするりするりと体捌《たいさば》きなさる方もおられました。

編集 冒頭の報道では「県内五カ所を捜索した」とありますが、警備事件の目的というのは捜索=ガサなのでしょうか？

著者 それは折々の判断となります。確かに、相手方《あいてかた》さんの拠点や関連箇所を捜索するというのは最重要課題の1つです。それは検挙=逮捕と併せ、相手方《あいてかた》さんに物理的打撃を与えることですから。無論それは嫌がらせではなく、ガサというかたちで証拠を、資料を、だから警備情報を確保することによる物理的打撃です。また情勢によっては、ガサによって凶器・爆発物等々を差し押さえることにより、テロを未然に封圧《ふうあつ》することもあるでしょう。これらの文脈からは、ガサこそ目的、「城攻め」「討ち入り」こそ目的だと考えることもできますし、そう判断・決断しなければならない場合もあります。

他方で、今の例では、私も警察本部長も警察庁も「起訴」にこだわりました。そのための検事さんとの協議もなかなかシビアでした。

編集 何故、この詐欺事件では起訴にこだわったのですか？

著者 ガサの成功が大前提ですが、それだけでは警備事件の立件として十分ではないと、関係者全てが考えたからです。この場合、相手方《あいてかた》さんの当面の動きを封圧《ふうあつ》することに加え、その悪性をキチンと立証し、公判でそれを認定してもらい、最終的には有罪判決を勝ち獲《と》ることで、相手方《あいてかた》さんの長期的な動きを封圧することが必要だと考えたからです。裁判にもならない、起訴もしてもらえないとなれば、そもそも警察捜査が適正であったかどうか、県民・国民に理解してもらうことはできません。特に本件は、失業給付金の不正受給という悪質性の大きい事案ですから、「その犯罪がほんとうにあった」「それを裁判所も認めた」「だから我が国における事実として確定した」という結末が絶対に必要です。さもなくば、警察によるでっちあげであるとか不当弾圧であるとか、そうしたいわれのない抗議・牽制《けんせい》・裁判闘争が展開される可能性もあります。この場合、それではせっかく膨大な捜査コストを投じた意味がありません。むしろ収支がマイナスになるおそれすらあります。なら、正々堂々、公明正大に捜査をして、検事さんにも納得ずくの起訴をしてもらい、裁判所のジャッジを仰ぐ。そうした王道が求められていると、関係者全てが考えました。

編集　裏から言えば、起訴してもらい、悪性を認定してもらうことが成果ですか？

著者　一般論として、被疑者が真に罪を犯した者であることの立証や、その罪が悪性の大きいものであることの立証は、警察の本来的なミッションです。悪質性の大きい犯罪を剔《てっ》抉《けつ》（えぐりだす）してこそ警察であり、納税者はそのために警察に「武器」を与えているのですから。逆に言えば、悪を放置しておくことは納税者への裏切りですから。

しかし、警備事件の、公安警察にとっての成果となると、そうした一般論以上に、そうですね……業務サイクルへのよい影響があります。すなわち〈情報収集〉‐〈分析〉‐〈捜査〉という業務サイクルへのよい影響。具体的には、①右のような事件でガサをする。城攻め・討ち入りを徹底的に実施する。②すると隠匿《いんとく》されている情報・資料が大量に押収できるから、それ自体が新たな情報収集となる。③それを徹底的に分析し、また事件ネタを掘り起こす。だから、①'またガサができる、波状攻撃を掛けられる。②'そこでまた情報・資料を入手できる。③'また次なる事件ネタが掘り起こせる。あとは以下同文で……

事件化により、こうした、いわば「業務の拡大再生産」「業務の正のスパイラル」を作り出すことができます。公安警察が事件化に大きなリソースを投入するのは、こうした成果を実現するためでもあります。

編集　事件をするに当たって、公安警察ならではの長所・短所というのはありますか？
違法捜査のプロだとか、伝統芸能・転《ころ》び公妨《こうぼう》の天才がいるとか、スパイグッズがあるとか。

著者　んなわけないでしょ、抜きがたい偏見ですね。令和5年の今時、小説家だってそんな陳腐《ちんぷ》なこと書きませんよ。重ねて事件捜査というのは「地道なコツコツ」が必要な社内プロジェクトなので。

事件に際しての、公安警察ならではの絶大な長所としては、保秘《ホヒ》についての心配がないこと。要は関係者みんなの口が堅いこと。警備事件の捜査については、まずメディア等に漏れる心配がありません。漏れるとすれば、「上級幹部の動きから」くらいのものですが（最近やけに検察庁を訪れているな、とか）。また他の絶大な長所として、行動確認のスキルが非常に高いこと。これは無論、内偵捜査において、被疑者・関係者の動向を秘匿《ひとく》捜査する上での安心感になります。特に討ち入りが近くなると、被疑者の逮捕の完遂が大前提ですから、「あっ見失いました」「今どこにいるか分かりません」ではお手上げになってしまいます。そうした心配がない。

他方、微妙な短所としては、事件係というか事件専従で育った警察官が、必ずしも多数派ではないこと。警視庁・大阪府警察といった横綱級はまるで別論ですが、一般的な県警察となると——よほど先人に先見《せんけん》の明《めい》があって必要な人事措置を何年も続けてきた場合を除き——そもそも事件専従で育った警察官が少ない上、その手掛けてきた事件も右翼事件ばかりだったりする。それでも公安警察内では事件の職人ですが、右翼でない他の相手方《あいてかた》さんの本格的な捜査となると、経験値の少なさは否めません（往時の話）。懸命に頑張ってくれるのですが、一緒に事件検討をしていると「あっこれが足りない」「あっこれは禁じ手だ」という箇所が結構出てきて、時として警察庁からもどやされたりします。実際、もう時効でしょうから申し上げますが、今採り上げている事件でも、イザ討ち入りをしたその早朝でさえ、既に突入段階から計画が狂ったほか、ガサの現場措置でも——違法ではないですが——計画にない段取りを現場判断で講じたことが分かったりして、事後対応に追われもしました。無論、事前の詰めが甘かった私の責任です。そしてこういうとき、矢面に立って警察庁に怒られにゆくのはキャリアの務めです。

編集　現場でミスがあるのですか？　そして隠蔽《いんぺい》？　そしてリークされて懲戒処分？

著者　そんな大きなミスがあったら警察本部長の首もとられますよ。そしてこの事件の場合、さいわい、事件そのものが崩れるようなミスはありませんでした。ただいわゆるヒヤリハットはありました。先ほど「捜査本部に20人以上を投入する」というお話をしましたが、イザ討ち入りとなれば１００人以上を一気に投入しますので、それも討ち入りの当日朝４時に非常呼集をかけて一気に班編制と任務付与《にんむふよ》をしますので——もちろん保秘《ホヒ》のため——予想しえぬ椿事《ちんじ》はどうしても起こります。無論、私自身も例外ではなく、実は討ち入り直後の記者レクで（記者会見というほど形式ばってはいません）一点だけ調子に乗っていらんことを喋ってしまい、会場を出てから頭を抱えたのを憶えています。部下が直ちに上手に処理してくれましたが……

編集　そうすると、抜き打ちで１００人以上を、いきなり当日朝、集めるのですか？

著者　事前に捜査本部に属していなかった警察官については、そのとおりです。これまたお恥ずかしい話をすると、本当は朝５時集合との計画だったのですが、某《ぼう》新聞社さんがどうやら討ち入りの情報を察知したらしい、朝刊に書くらしいと判断できましたので、前日深夜の時点で朝４時集合に——朝刊が相手方さんに配られる以前という趣旨——急遽《きゅうきょ》変更しました。その際、ただのひとりとして朝４時に遅れた警察官がいなかったのは、Ｘ県警察さんの本当に素晴らしいところでした。今だからこのような物言いができますが、感動しました。

編集　ガサで持ってくる資料というのは、どれくらいの量になるんでしょうか？

著者　あ、それはＴＶ等の事件報道そのものです。裁判官と令状の許すかぎり徹底的にやるので、段ボール箱が幾つも幾つも運び出されることとなります。無論、電子データも。

編集　右の警備事件は、警察ではどのように評価されるのでしょうか？　いわゆる裏金は出ますか？

著者　出る訳ないでしょ。予算になってないなら財源はポケットマネーだけど、どこの誰様が私費でおひねりをくれるというんです。お金は出ません。

　功労に応じ、警察庁の表彰が出ます。この警備事件では、胴元の警備第一課という所属に「警察庁警備局長賞」が出ました。例えば私個人でなく、所属に出ます。するとそれに連動して、右の例のX県警察本部長の表彰も出ます。時代の証言として些末なことを言えば、起訴後に警察本部長の主催で、共済の会館で捜査員を慰労する打ち上げも行われました。無論明朗会計で会費制ですよ、念《ねん》の為《ため》。

　とまれ、警部補以下の警察官、あるいは時に警部であっても、警察本部長＝社長直々のお褒めというのはなかなか頂戴できないものですから、手掛けた事件について社長とお酒を酌み交わしながら「自慢」ができるのは名誉なことです。そうした際、事前に社長に功労者についてレクをしておいたり、本番では裏方に回って部下職員を社長のところへ押し出したり、上手いこと人流を調整したり、昇任試験対策のためのアピールを振り付けたりするのも渡り鳥たるキャリアの務めです。

編集　よく解りました。天丼と鰻の用意ができています。どうもありがとうございました。

著者　えっそれ会費制ですよね、なら富士そばがいいな。長時間ありがとうございました。

（了）

★読者のみなさまにお願い

この本をお読みになって、どんな感想をお持ちでしょうか。祥伝社のホームページから書評をお送りいただけたら、ありがたく存じます。今後の企画の参考にさせていただきます。また、次ページの原稿用紙を切り取り、左記まで郵送していただいても結構です。

お寄せいただいた書評は、ご了解のうえ新聞・雑誌などを通じて紹介させていただくこともあります。採用の場合は、特製図書カードを差しあげます。

なお、ご記入いただいたお名前、ご住所、ご連絡先等は、書評紹介の事前了解、謝礼のお届け以外の目的で利用することはありません。また、それらの情報を6カ月を越えて保管することもありません。

〒101−8701（お手紙は郵便番号だけで届きます）
祥伝社　新書編集部
電話03（3265）2310
祥伝社ブックレビュー　www.shodensha.co.jp/bookreview

★本書の購買動機（媒体名、あるいは○をつけてください）

＿＿＿新聞の広告を見て	＿＿＿誌の広告を見て	＿＿＿の書評を見て	＿＿＿の Web を見て	書店で見かけて	知人のすすめで

★100字書評……公安警察

名前
住所
年齢
職業

古野まほろ　ふるの・まほろ

東京大学法学部卒。警察庁旧Ｉ種（現・総合職）警察官として交番、警察署、警察本部、海外、警察庁等で勤務の後、警察大学校主任教授にて退官。複数の都府県と、交通部門以外の全部門を経験。主たる専門は、公安警察・地域警察・保安警察。

公安警察《こうあんけいさつ》

古野《ふるの》まほろ

2023年３月10日　初版第１刷発行

発行者……………辻 浩明
発行所……………祥伝社《しょうでんしゃ》
〒101-8701　東京都千代田区神田神保町3-3
電話　03(3265)2081(販売部)
電話　03(3265)2310(編集部)
電話　03(3265)3622(業務部)
ホームページ　www.shodensha.co.jp

装丁者……………盛川和洋
印刷所……………萩原印刷
製本所……………ナショナル製本

造本には十分注意しておりますが、万一、落丁、乱丁などの不良品がありましたら、「業務部」あてにお送りください。送料小社負担にてお取り替えいたします。ただし、古書店で購入されたものについてはお取り替え出来ません。
本書の無断複写は著作権法上での例外を除き禁じられています。また、代行業者など購入者以外の第三者による電子データ化及び電子書籍化は、たとえ個人や家庭内での利用でも著作権法違反です。

© Mahoro Furuno 2023
Printed in Japan ISBN978-4-396-11673-6 C0236

〈祥伝社新書〉
歴史に学ぶ

545
日本史のミカタ
「こんな見方があったのか。まったく違う日本史に興奮した」林修氏推薦
国際日本文化研究センター所長 **井上章一**
東京大学史料編纂所教授 **本郷和人**

588
世界史のミカタ
「国家の枠を超えて世界を見る力が身につく」佐藤優氏推奨
井上章一
小説家 **佐藤賢一**

630
歴史のミカタ
歴史はどのような時に動くのか、歴史は繰り返されるか……など本格対談
井上章一
国際日本文化研究センター教授 **磯田道史**

351
英国人記者が見た
連合国戦勝史観の虚妄
滞日50年のジャーナリストは、なぜ歴史観を変えたのか。画期的な戦後論の誕生
ジャーナリスト **ヘンリー・S・ストークス**

578
世界から戦争がなくならない本当の理由
なぜ「過ち」を繰り返すのか。池上流「戦争論」の決定版！
ジャーナリスト 名城大学教授 **池上　彰**

〈祥伝社新書〉
経済を知る

503
仮想通貨で銀行が消える日
送金手数料が不要になる? 通貨政策が効《き》かない? 社会の仕組みが激変する!
多摩大学特別招聘教授 **真壁昭夫**

625
カルトブランディング 顧客を熱狂させる技法
グローバル企業が取り入れる新しいブランディング手法を徹底解説
マーケティングコンサルタント **田中森士**

636
世界を変える5つのテクノロジー SDGs、ESGの最前線
2030年を生き抜く企業のサステナブル戦略を徹底解説
ベンチャー投資家・京都大学経営管理大学院客員教授 **山本康正**

660
なぜ日本企業はゲームチェンジャーになれないのか
——イノベーションの興亡と未来
山本康正

666
スタグフレーション 生活を直撃する経済危機
賃金が上がらず、物価だけが上昇する時代の生活防衛
経済評論家 **加谷珪一**

〈祥伝社新書〉
令和・日本を読み解く

653
警察官僚　0・2%未満のキャリアの生態
元キャリアの作家が明かす、巨大組織に潜むエリートの実態と本音
作家
古野まほろ

571
二度目の日本　幕末、敗戦、平成を越えて
令和日本はどうあるべきか。多くの著作で予測を的中させた著者の最後の提言
作家・評論家
堺屋太一

570
資本主義と民主主義の終焉　平成の政治と経済を読み解く
歴史的に未知の領域に入ろうとしている現在の日本。両名の主張に刮目せよ
法政大学教授
水野和夫
法政大学教授
山口二郎

637
異形の政権　菅義偉の正体
菅政権とは何だったのか──。メディアが報じなかった実像に迫る！
作家・元外務省主任分析官
佐藤　優
山口二郎

652
2030年の東京
『未来の年表』著者と『空き家問題』著者が徹底対談。近未来を可視化する！
作家、ジャーナリスト
河合雅司
不動産プロデューサー
牧野知弘